SYMBOLE DES BUDDHISMUS
DER TIBETISCHE WEG

Die Deutsche Bibliothek - CIP-Einheitsaufnahme
Symbole des Buddhismus / Claude Levenson / Text.
Laziz Hamani / Fotogr. Mit einem Vorw. des Dalai Lama.
[Übers. aus dem Franz. von Sibylla Hoffmann].
- Wien : Brandstätter, 1996
Einheitssacht.: Symboles du Bouddhisme dt.
ISBN 3-85447-656-6 NE: Levenson, Claude; Hamani, Laziz; EST

1. Auflage

Lektorat der deutschsprachigen Ausgabe:
Käthe Springer
Reproduktion der Abbildungen: Gravor, Schweiz
Satz: Lothar Schall, Wien
Gedruckt von Artegraphica in Italien

Bildnachweis:
Jean-Claude Buhrer-Solal: Seite 11, 13, 19, 122-123 und 129
Planet © Olivier Föllmi: Seite 17 und 27

Titel der französischen Originalausgabe:
Symboles du Bouddhisme tibétain
Copyright der Originalausgabe
© 1996 by Éditions Assouline, Paris
Copyright der deutschsprachigen Ausgabe
© 1996 by Verlag Christian Brandstätter, Wien

Alle Rechte, auch die des auszugsweisen Abdrucks oder
der Reproduktion einer Abbildung, sind vorbehalten.
Das Werk einschließlich aller seiner Teile ist urheberrechtlich
geschützt. Jede Verwertung ist ohne Zustimmung des Verlages
unzulässig. Dies gilt insbesondere für Vervielfältigungen,
Übersetzungen, Mikroverfilmungen und die Einspeicherung
und Verarbeitung in elektronischen Systemen.
ISBN 3-85447-656-6

Christian Brandstätter Verlagsgesellschaft m.b.H.
A-1080 Wien, Wickenburggasse 26
Telephon (+43-1) 408 38 14

Symbole des Buddhismus
Der tibetische Weg

Vorwort von Dalai Lama

Text von Claude B. Levenson
Photographien von Laziz Hamani
Übersetzt von Sibylla Hoffmann

Verlag Christian Brandstätter · Wien – München

INHALT

VORWORT

EINLEITUNG

1.
DAS RAD DER ZEIT
Zeitliche Zyklen bringen
den zeitlosen Alltag in Rhythmus

2.
DAS RAD DES LEBENS
Jeder ist seinem spirituellen
Bewußtsein angepaßt

3.
DAS RAD DES GESETZES
Dem anderen helfen,
ihm zumindest nicht schaden

4.
ROTKAPPEN
UND GELBKAPPEN
Unter dem schützenden Flügel
der Drei Juwelen

5.
DER STUPA
Eine Materialisation des
inneren Weges

6.
DIE GEBETSMÜHLE
Das selbstlose Gebet
für alle Wesen

7.
DER HEILIGE MANTRA
Om Mani Padme Hum

8.
DIE GEBETSKETTE
Der Mala

9.
DER ALTAR
Nichts ist schön genug
für den Erwachten

10.
DIE MUSIKINSTRUMENTE
Im Dienst der Götter
für das Wohl der Wesen

11.
DIE GLÜCKSSCHÄRPE
Die Khata

12.
DONNERKEIL UND GLOCKE
Dordsche und Drilbu
Die Methode und die Weisheit

13.
RITUALDOLCH UND
RITUALSCHALE
Triumph über die inneren Feinde

14.
DIE ACHT GLÜCK-
BRINGENDEN ZEICHEN
Das Glück heranziehen
und sich des Schutzes versichern

15.
DIE OPFERGABEN
Heilig oder profan,
sie dienen der Verehrung der Gottheit

16.
DIE SCHRIFT UND DIE TEXTE
Tresore, um die Erinnerung zu bewahren

17.
DIE MUDRAS
Zeichen, um unnennbare Kräfte
zum Ausdruck zu bringen

18.
DAS GROSSE GEBET
Mönlam Tschenmo
Die jährliche Bitte
um Wohlergehen für alle Wesen

19.
DIE MEISTER DES WISSENS
Von der Magie zur Philosophie,
der Weg des Wissens zur Erkenntnis

20.
MEISTER UND SCHÜLER
Bewährtes Vertrauen

21.
DER SCHIRMHERR VON TIBET
Tschenresi-Avalokiteschvara

22.
DIE GROSSE GÖTTIN
Tara-Dolma
Hüterin, Beschützerin und Retterin

23.
DIE GROSSEN SCHUTZHERREN
Herren der Zeit, des Todes
und der negativen Kräfte

24.
DAS FEUERRITUAL
Die große Reinigung

25.
MÖNCHE UND LAIEN
Ein soziales Gewebe

26.
DER MEDITIERENDE
Das Gedächtnis der Jahrhunderte

27.
DIE PILGERFAHRTEN
Markierungen im Territorium
des Heiligen

28.
DER DURCHGANG DES TODES

29.
DER DALAI LAMA
Inkarnation der Gottheit auf Erden
oder die Vollendung des Wesens

30.
DER LOTOS
Licht und Schatten

Vorwort

THE DALAI LAMA

Der tibetische Buddhismus besitzt eine an Symbolik und Symbolen überreiche Tradition. Doch es gibt nicht nur eine Vielzahl von Sinnbildern, sondern außerdem unzählige Bedeutungen. Manche sind ganz einfach, andere wiederum tiefgründig, sie verkörpern innere Werte in physischen Formen. Sie alle helfen, die vielen verschiedenen Ebenen und Aspekte des Dharma zu zeigen. Der tibetische Buddhismus jedenfalls drückt sich in so vielen unterschiedlichen Symbolen aus, daß ihm die Erwähnung von ein oder zwei Beispielen kaum gerecht werden würde.

Eine überaus komplexe Symbolik findet man in den Tantras. Die tantrische Praxis bezieht die Visualisierung von Meditationsgottheiten ein, manchmal mit vielen Gesichtern und Händen, und deren bildhafte Mandalas. Alle diese Merkmale und ihre speziellen Prägungen sind von tiefem symbolischem Wert, der sich je nach Fortschritt der religiösen Praxis und Meditation enthüllt. Aber das eigentliche Wesen der buddhistischen Tantrayana-Praxis ist die unwandelbare Einheit von Methode und Weisheit, das selbstlose Streben nach Erleuchtung und dem Verstehen des Seins, die durch den Vadschra und die Glocke, welche in den tantrischen Ritualen Verwendung finden, symbolisiert werden.

Ich bin sicher, daß dieses wunderschöne Buch, in dem der Reichtum der Symbole des tibetischen Buddhismus gezeigt wird, das Verständnis für unsere Kultur und ihren ganz spezifischen Beitrag zum unschätzbaren allgemeinen Erbe der Welt vertiefen wird. Ich hoffe zudem, daß es die Leser dazu inspiriert, unseren Bemühungen, diese Traditionen lebendig zu erhalten, ihre Unterstützung angedeihen zu lassen.

Der Dalai Lama, 10. Mai 1996

Einleitung

PHILOSOPHIE ODER RELIGION, LEBENSART ODER SEINSWEISE – DER BUDDHISMUS WIRD IM WESTEN IMMER NEUGIERDE ERWECKEN. SEINE vielen Gesichter künden von seinen verschiedenen Wegen, und unzählige Facetten verwirren den Neuling. Die Essenz jedoch, die für alle Sucher nach Erkenntnis eine gemeinsame Basis bildet: ein Mann, in einem Augenblick der Geschichte verankert, ist erwacht, um zu bestätigen, daß es in der Macht eines jeden liegt, Weisheit zu erlangen. Die Metamorphose vollzieht sich nicht von einem Tag auf den anderen, sie erfordert Nachdenken und Zeit, Willen und Mut. Sie kann ein oder mehrere Leben lang dauern, aber sie ist möglich. Der Rest ist nur noch Sache der Interpretation und des Voranschreitens mit Hilfe der zahlreichen Symbole.

Siddhartha Gautama wurde um 550 v. Chr. in Kapilavastu, an der Grenze zwischen dem heutigen Indien und Nepal, als Sohn des Königs der Schakyas (daher die Bezeichnung Schakyamuni) geboren. Er war Zeitgenosse von Laotse und Konfuzius, von Zarathustra, Platon und Sokrates. Auf einer Fahrt mit seinem Wagenlenker begegnete er nacheinander einem Greis, einem Kranken, einem Toten auf dem Weg zum Verbrennungsplatz und einem Wanderasketen. Entschlossen, gegen diese unvermeidlichen Übel des Daseins ein Heilmittel zu finden, verließ der Prinz Palast, Frau und Kinder, um sich dieser Suche zu widmen. Jahre der Selbstdisziplin und Enthaltsamkeit erwiesen sich als vergeblich, bis der Forscher endlich die Mauer seiner Unwissenheit durchbrach und den Schlüssel am Ende einer langen Meditation unter dem heiligen Baum (Ficus religiosa) in Bodh-Gaya fand.

Seitdem erleuchtet, lehrte der Prinz unermüdlich die vier Edlen Wahrheiten: des Leides, seiner Ursachen, seines Aufhörens und der Mittel, es zu beenden. Im Laufe seiner Wanderungen berief er viele Menschen, und seine Schüler weihten sich der Verbreitung des wahren Gesetzes. Zum Buddha (Sanskrit: ‚der Erwachte') geworden, Herr der Erkenntnis und Weisheit *(bodhi)*, erlosch der Mensch in Kuschinagar, über achtzig Jahre alt, gegen 478 v. Chr. Seine Schüler sagten, daß er das Nirvana erlangt hat. – Hier endet die Geschichte, und Geschichten nehmen ihren Anfang, Geschichten von Millionen Menschen, die Trost und Führung in den Lehren des Erwachten finden.

In Jahrhunderten nahm der Buddhismus verschiedene Färbungen an, je nachdem, welche Gegend und welche Menschen er durch Rede und Beispiel eroberte. Aus Indien verschwand die Lehre aufgrund der muslimischen Kriegsmacht und des wiedererstarkten Hinduismus, der aus Buddha einen Avatara des Vischnu machte. Über die Seidenstraße wie über die Buschpfade in Innerasien tragen die

EINLEITUNG

nun entwurzelten Boten die Worte des Meisters, die später auf so entfernten Inseln wie Sri Lanka, Java und Japan gedeihen. Sie pflanzen kräftige Setzlinge in Indochina, in Korea und in den Bergen Chinas, und schließlich erklimmen sie die Hänge des Himalaya und setzen sie mit Beginn des 7. Jahrhunderts in die Hochebene von Bö ein.

Entlang dieser Wege und des Austausches entstanden parallele Schulen von Kaschmir bis China mit – je nach Epoche – unterschiedlichem Schicksal: große Orte in Indien, Bodh-Gaya, Nalanda oder Sarnath, der prächtige Tempel Borobudur in Java, Anuradhapura oder Polonnaruwa in Sri Lanka, Nara in Japan, die Höhlen von Dunhuang oder Kuei-lin in China, die verschollene Oase von Kara-Khoto oder die Raststätten von Serindien; die Klöster in Siam oder Burma oder – noch vor kurzem – die Klosterstädte in Tibet; ihre Spuren und ihr Erbe zeugen von vollendetem künstlerischem Reichtum, der jeweils vom örtlichen Charakter adaptiert wurde. Das erklärt auch die Reichhaltigkeit der Symbole, interpretiert entsprechend dem Charakter dessen, der ihnen Form gibt oder sie verehrt.

Nur eine Auswahl an Symbolen kann hier betrachtet werden: in diesem Überfluß ist es besser, sich an weniger bekannte, schwer zugängliche Aspekte zu halten. Warum aber Tibet? Jenseits jeder Mode hat das Hochland seit jeher solche Faszination ausgeübt, daß ihm alles gegeben wurde, das Beste wie das Schlechteste. Seine zunächst freiwillige, dann oktroyierte Abgeschiedenheit hat dem Land zu beneidenswerter Ruhe verholfen, philosophische Spekulationen über Zeit und Universen konnten bis ins Unendliche entwickelt werden. Aber es hat den ungeheuren Preis der programmierten und methodischen Zerstörung bezahlen müssen. Daher die Dringlichkeit, seine Symbole besser zu verstehen, ihre Botschaft zu bewahren – sonst könnte diese Kultur eines Tages rettungslos verschwunden sein.

Geist und Materie, Raum und Zeit, hoch und tief – alle Gegensatzpaare regen zu hundert Erklärungen, tausend Interpretationen und ebenso vielen Variationen an, wie es im Keim Möglichkeiten im menschlichen Geist gibt. In einer Welt, von Anfang an als ewiges Werden konzipiert, in der der Mensch das Privileg und das Vermögen besitzt, sich zu vollenden, wird der Raum zu einer Art sichtbaren Zeit. Nach der buddhistischen Lehre fokussieren die Buddhas der drei Zeiten in ihrer Hellsicht Gegenwart, Vergangenheit und Zukunft in einer lebendigen Simultaneität, wobei letztere nur als Möglichkeit besteht.

„Die Essenz der Lehren wandelt sich nicht", erklärt der Dalai Lama. „Wo sie befolgt werden, sind sie anwendbar. Nur die überflüssigen Aspekte hindern, gewisse Riten oder Zeremonien stimmen nicht unbedingt mit neuen Umgebungen überein. Diese Dinge wandeln sich. Keiner kann voraussagen, wie sie sich an einem solchem Ort entwickeln werden: Als der Buddhismus nach Tibet kam, gab es keine Autorität bezüglich der rituellen Praxis. Es wurde keine dogmatische Entscheidung getroffen, und nach und nach formte sich eine einheitliche Tradition in ihrer Einzigartigkeit. Jedem Land entspricht ein bestimmtes kulturelles Erbe: Auch wenn die Essenz unverändert bleibt, die Praxis des Bud-

EINLEITUNG

dhismus ändert sich von einem Breitengrad zum anderen."

So ist es angebracht, die Zeichen zu dechiffrieren und sich mit einer neuen Geheimschrift bekannt zu machen, die unvermutete Perspektiven öffnet. Der Horizont weitet sich, um sich an große Räume anzupassen. Wie der Buddha sagte: „Das Leben ist nicht ein Problem, das zu lösen ist, es ist eine Realität, mit der zu experimentieren ist." Sobald die Sicherheit weggefegt ist, ist mit den Fragen bis in die letzten Winkel vorzustoßen und entlang dem Faden der Bilder, die nur Projektionen des Geistes sind, in Einsamkeit der Gang zum Licht anzutreten. Die Symbole sind nur Meilensteine am Rande des Weges.

Die ersten Bewohner des Landes Bö, so sagt die kollektive Erinnerung, waren Söhne eines Affen und einer Felsdämonin. Natürlich stammen sie weder von Affen ab (es handelte sich um die Emanation des Bodhisattva des Mitleids) noch von irgendeiner Magierin (es war eine Göttin) – die Tibeter haben aus dieser Abstammung aber eines behalten: die Füße fest auf der Erde und den Blick zu den Sternen. Einige unter ihnen haben vor allem den Geschmack der endlosen Weite und das innere Gefühl für den Weg bewahrt, die Sehnsucht nach dem Nomadentum und manchmal eine nicht zu verleugnende Neigung zur Phantasie.

Man spürt dies an der Art, wie sie die Welt wahrnehmen. Schlichtheit und Tiefe verbindend, faßt einer ihrer großen Weisen die multisäkulare Lehre lapidar in zwei Grundregeln zusammen: Für das Kleine Fahrzeug oder Theravada beruht die ganze Paxis auf dem „Nicht den anderen schaden"; für das Große Fahrzeug oder Mahayana, die Basis für meditatives Denken und eine dem Buddhismus in christlicher Ära nähere Form: „Den anderen helfen". Für die, die sich noch weiter wagen wollen, führt der Vadschrayana, das Diamantene Fahrzeug, unfehlbar zum völligen Erwachen. Es ist nur eine Frage der Zeit. Diese dem tibetischen Buddhismus eigene Richtung stellt die glückliche Hochzeit der Lehren der beiden früheren Etappen dar. Die totale Freiheit muß über die Hände oder über das Herz erreicht werden: aber sie beginnt im Geist eines jeden, sie ist ohne Grenzen, abgesehen vom Respekt gegenüber dem anderen, und sie ist auch der Lohn der Vollendung des Seins.

Unter diesen Bedingungen ist jedes Symbol, über das meditiert, das entziffert und assimiliert wurde, ein Schlüssel zu einem in immerwährender Entwicklung begriffenen Universum, in dem die Erinnerung bis in die tiefsten Tiefen der Vergangenheit hinuntersteigt und für jeden unter uns die Möglichkeiten der Zukunft entschleiert. Aber dies ist auch ein einsamer Weg, den keiner imstande ist, für den anderen zu durchwandern.

Bei der Transkription der Wörter und Namen aus dem Sanskrit bzw. aus dem Tibetischen haben wir uns, so gut es ging, an den Grundsatz „Umschreibe so, wie du sprichst" gehalten.

KAPITEL 1

DAS RAD DER ZEIT

ZEITLICHE ZYKLEN BRINGEN
DEN ZEITLOSEN ALLTAG IN RHYTHMUS

IM RAD DER ZEIT WIRD DER MENSCH IN SEINEN MATERIELLEN, GEISTIGEN UND UNIVERSELLEN DIMENSIONEN NACH TIBETISCHER ART FESTgeschrieben. Es wird, gestickt oder gemalt, auf Stoffbahnen dargestellt und für Initiationen aus farbigem Sand gemacht. Das Rad der Zeit oder Kalatschakra-Initiation, farbenprächtiges Diagramm einer der vollkommensten Lehren des Vadschrayana, birgt die Öffnung eines Erkenntnisweges in sich und zugleich den Pfad, der den Menschen zur Harmonie führt. Diese Harmonie entspringt einer subtilen Resonanz zwischen Körper, Geist und dem äußeren Universum, das in seiner kosmischen und astrologischen Dimension als Schrein dient.

In subtiler Weise das Vergängliche mit dem Ewigen vermählend, sehen die Weisen des Himalaya in der strengen und vollkommenen Praxis des Kalatschakra die Möglichkeit, in einem einzigen Leben das Erwachen zu erreichen. Dies allein zeigt seine Komplexität. Nach Meinung von Tenzin Gyatso, des jetzigen 14. Dalai Lama, ist die Symbolik des Rades der Zeit eng an unsere Welt und unsere Epoche gebunden: „Wir glauben fest an seine Macht, Spannungen zu mildern," erklärt er, „wir halten es für fähig, Frieden zu schaffen, den Frieden des Geistes und daher den Frieden in der Welt zu fördern. Eines Tages in den kommenden Jahrhunderten könnte sehr wohl das Reich Schambhala in der Realität wieder erscheinen, die unsere zu sein scheint, und zum gemeinsamen Werk beitragen, das uns in dieser Welt noch zu vollenden bleibt."

Er selbst hat diese große Initiation mehr als zwanzigmal erteilt; von 1954 in Lhasa in seinem Geburtsland Tibet bis 1995 in Ulan Bator in der Mongolei, in Bodh-Gaya und Sarnath, den hohen Stätten des Buddhismus, in Rikon in der Schweiz, Madison in den Vereinigten Staaten und Barcelona in Spanien oder auch Leh in Ladakh und Mungod in Südindien. Auch nur an einer ähnlichen Initiation teilzunehmen – der Ausarbeitung des Mandala folgen, die Lehre hören, visualisierend dieses Universum an Farben und Symbolen durchdringen, das heilige Kosmogramm durchwandern und so seinen Blick reinigen –, führt zu einer glücklichen Wiedergeburt.

Indem der Kalatschakra den Menschen mit dem Kosmos in Einklang bringt, setzt er die äußeren und inneren Kräfte in Tätigkeit; dies stellt das Mandala dar, Meditationsstütze und Diagramm des Universums. Im Herzen des Mandala, im verborgensten Heiligtum der Gottheit, im Palast des uranfänglichen Bewußtseins, ist der Kalatschakra

Die Gottheit Kalatschakra,
(Thangka aus einer Privatsammlung)

DAS RAD DER ZEIT

durch den blauen Vadschra und seine Gefährtin Vischvamata durch einen orangegelben Punkt dargestellt. Mitleid und Weisheit sind in Umarmung vereint: alle Widersprüche lösen sich und Leere entsteht, die Trägerin aller Möglichkeiten.

Aber das Rad der Zeit regiert auch den täglichen Kalender in lunaren Rhythmen. Man wird nicht erstaunt sein, einen zweifachen Ursprung der tibetischen Zeitrechnung festzustellen, einen indischen und einen chinesischen. Es scheint, daß der indische Einfluß überwog, obwohl die Bezeichnung der Jahre stark chinesisch geprägt ist. Um diese beiden Einflüsse zu unterscheiden, qualifiziert man die indische Zeitrechnung als „weiße Mathematik", die chinesische als „schwarze", worin auch die Praktiken der Weissagung einbezogen sind. Almanache und astrologische Tabellen werden im täglichen Leben oft verwendet; sie teilen die markanten Ereignisse des Jahres ein.

Die Wochentage werden nach der Funktion der Planeten benannt. Die Monate haben dreißig Tage und werden einfach numeriert: erster Monat, zweiter Monat usw. Jeder Monat beginnt mit dem Neumond, der volle Mond zeigt seine Mitte an. Das tibetische Jahr ist also ein lunares und beginnt mit dem Neumond im Februar, dem der sogenannte Tag ‚Gutor' vorausgeht; an ihm entledigt man sich all dessen, was im abgelaufenen Jahr negativ gewesen ist. Am Abend vor dem Losar (Neujahr) widmet man sich der gründlichen Reinigung des Hauses oder Zeltes.

Den Glücks- und Unglückstagen wird in den täglichen Aktivitäten Rechnung getragen. So ist der achte Tag des Monats dem Buddha der Medizin zugeeignet, der 15. dem Buddha Amitabha und der 30. Schakyamuni. An solchen Tagen multipliziert sich die Wirkung jeder Handlung, positiv oder negativ, ins Hundertfache. Um die Übereinstimmung zwischen dem solaren und dem lunaren Jahr wiederherzustellen, wird von Zeit zu Zeit ein Tag einfach übersprungen, wobei die nötigen Anpassungen regelmäßig vorgenommen werden, um unentwirrbare Schwierigkeiten zu vermeiden.

Zwölf Tiere – Maus, Rind, Tiger, Hase, Drache, Schlange, Pferd, Schaf, Affe, Vogel, Hund und Schwein – bestimmen in dieser Reihenfolge den duodezimalen Zyklus, der wiederum nach fünf Perioden einen Zyklus von sechzig Jahren bildet. Um Verwirrungen zu vermeiden, werden jeder Periode Elemente beigegeben – Erde, Metall, Wasser, Holz, Feuer – sowie weibliches oder männliches Geschlecht und manchmal eine Farbe, die dem Element entspricht: Ockergelb der Erde, Weiß dem Metall, Blau dem Wasser, Grün dem Holz und Rot dem Feuer. Die astrologischen Berechnungen, unumgänglich in der Medizin und bei Erstellung der Horoskope, machen ausgiebig Gebrauch von dieser vorgegebenen Vielfältigkeit, und zwar mit erstaunlicher Präzision. Um ein Beispiel zu nennen: das tibetische Jahr 2123, das der Feuermaus, hat am 19. Februar 1996 begonnen.

Yama, der Herr des Todes, hält ein Rad: innen sind die drei Gifte, in der Mitte die acht glückbringenden Zeichen und außen die 12 Tierkreiszeichen dargestellt. (Getriebene Metallplatte)

KAPITEL 2

DAS RAD DES LEBENS

JEDER IST SEINEM SPIRITUELLEN BEWUSSTSEIN ANGEPASST

DAS RAD DES LEBENS GIBT DIE VERSCHIEDENEN STUFEN DER EXISTENZEN WIEDER. IN ALLEN KLÖSTERN FINDET MAN ES AUF MAUERN, Papier oder Stoff gemalt. Es erinnert alle empfänglichen Wesen, daß das höchste Ziel das Erwachen bleibt. Im Laufe der Jahrhunderte hat es – immer wieder reproduziert oder neu geschaffen – die Generationen der rauhen Nomaden und der fein Gebildeten auf ihren Wegen der Suche oder Verehrung begleitet, jeden an die verrinnende Zeit und die vier Edlen Wahrheiten mahnend: das leidvolle Dasein, Ursprung und Ursachen des Leides, sein Aufhören und den Weg dorthin.

Der Tradition nach hält der Herr des Todes mit zornigem Blick, hervortretenden Fängen und schaurig bekrönter Stirn in seinen mächtigen Armen eine große Scheibe, in die vier konzentrische Kreise eingezeichnet sind. Dieses schreckliche Wesen hat lange Krallen, trägt ein Tigerfell und reichen Schmuck. Es heißt, daß es das Schicksal, Karma genannt, darstellt und den vergänglichen Charakter aller Phänomene symbolisiert.

Die Interpretation dieses existenziellen Breviers beginnt im Zentrum. Der innerste Kreis umschließt die drei spirituellen „Gifte", die für alles künftige Übel verantwortlich sind: ein schwarzes Schwein für das Nichtwissen, die grüne Schlange für Neid und Haß, ein roter Hahn für Begierde und Habsucht. Ihn umgibt ein zweiter, halb schwarzer, halb weißer Kreis. Wer sich von den schlechten Impulsen in die Falle locken läßt, nimmt den Weg des Schattens (*ngendö lam*), der zu unglücklichen Wiedergeburten und in die Höllen führt. Die anderen nehmen den Weg des Lichtes (*dedö lam*), der zu besseren Wiedergeburten und Befreiung führt.

Im Außenkreis der Scheibe entfaltet ein Dutzend kleiner, aussagekräftiger Bilder die Etappen der menschlichen Existenz in leicht faßlichen Symbolen. So ist, links unten beginnend und im Uhrzeigersinn aufsteigend, der alte Mann, der seinen Weg sucht, in der Macht des Nichtwissens, er ist spirituell blind. Der sein Gefäß drehende Töpfer bestimmt durch Handeln sein Schicksal. Der von Ast zu Ast springende Affe weist auf das unkontrollierte Bewußtsein der Nichtwissenden, das diszipliniert werden muß, um es zu beherrschen. Das Boot und seine Passagiere stellen Namen und Gestalt dar oder auch die im Leben nicht voneinander zu trennenden Energien Physis und Geist. Das Haus mit Türe und fünf Fenstern symbolisiert das Denken und die fünf Sinne, ohne die es keine Wahrnehmung gibt. Der

Traditionelle Darstellung des Wesenskreislaufs

DAS RAD DES LEBENS

Mann und die Frau in Umarmung stellen die Berührung dar, eine Folge der Wahrnehmungen.

Es folgen die Emotionen: die dem Mann einen Trank anbietende Frau erweckt Begehren, Symbol für den Lebensdurst, der von Wahrnehmung und Emotion genährt wird. Daraus resultiert die Tendenz, sich an das zu klammern, was Begierde erweckt: Ein Mann schielt nach den Früchten des Baumes. Das Mädchen beim Haus suggeriert Zeugung, keimendes Leben. Es folgt das Gebären neuen Lebens. Schließlich die letzte irdische Etappe, sanktioniert durch den Tod und die Vorbereitung auf die nächste Geburt in einer der sechs Welten, die unser Universum bilden.

Zwischen dem äußeren Kreis und dem halb schwarzen, halb weißen Weg liegen die sechs Welten, in denen das Wesen gemäß seinem Handeln mittels Körper, Rede und Denken wiedergeboren wird. In der Mitte der oberen Hälfte das Paradies der Götter, ein vergängliches Paradies, das, auch wenn es Jahrhunderte fortdauert, vergeht. Denn auch die Götter sterben. An ihre Unsterblichkeit glaubend, lauschen sie der Melodie, die der Buddha für sie auf der Laute spielt, und laufen Gefahr, seine implizite Warnung vor eitlen Vergnügungen zu überhören. Echos entfernter Kämpfe aus dem benachbarten Titanenreich, wo entschlossen gekämpft wird, um nicht zu unterdrückende Ambitionen zu befriedigen, dringen manchmal bis zu ihnen durch. Unter ihnen der Buddha mit dem Schwert.

In der unteren Hälfte drei Gebiete, in die zu kommen nicht vorteilhaft ist: schreckliche Stätten, wo böse Geister eifrig Qualen vervielfachen. Rechts können gierige Monstren, von Hunger und Durst gequält, ihre Begierde aufgrund physischer Mißbildungen nicht stillen. Doch wird ihr Himmel durch einen Buddha erhellt. Er trägt ein von Kleinodien des Geistes überquellendes Kästchen. Darunter die Höllen, wo Feuer und Eis herrschen, in denen die mit Haß und Zorn begangenen Taten bestraft werden. Diese grauenhafte Welt überwacht der Gehilfe des Herrn des Todes, der das Gewicht jeder Tat bemißt; doch allein der, der sie gesetzt hat, ist der wahre Schöpfer seines Schicksals. Hier trägt der Buddha eine Flamme, es ist die der Hoffnung, denn kein Leben, wo auch immer, währt ewig.

Die dritte untere Ebene links, wo der Buddha ein Buch hält, bevölkern die Tiere, Sklaven des guten Willens anderer. Der Raum zwischen dem Reich der Tiere und dem der Götter gehört den Menschen in all ihrer Vielfalt. Es ist der Mensch, dem zu guter Letzt das größte Privileg zuteil wird, denn in diesem unendlich kunterbunten Kaleidoskop ist allein er imstande, seine Wahl zu treffen, bewußt sein Ohr der Unterweisung des Bettelmönchs zu leihen, der ihm den Weg zum Ende des Leides zeigt. Aus seinem Traum von Wahnvorstellungen erwachend, befreit er sich von allen Ketten, aus Gold oder Eisen, aber auf den Weg gebracht – liegt es an ihm zu gehen.

Der Dalai Lama, der gerade mit dem Entwurf eines Mandala beginnt.

KAPITEL 3

DAS RAD DES GESETZES

DEM ANDEREN HELFEN, IHM ZUMINDEST NICHT SCHADEN

DAS RAD DES GESETZES IST AN ALLEN HEILIGEN ORTEN TIBETS PRÄSENT: GEWÖHNLICH HAT ES ACHT SPEICHEN UND FINDET SICH, GROSS ODER KLEIN, an der Hauptfront der Klöster, flankiert von zwei Gazellen oder Damhirschen. In erster Linie stellt es die vom historischen Buddha gepredigte Lehre dar, und die anmutigen Tiere daneben repräsentieren seine beiden ersten Zuhörer oder Schüler. Doch der Buddhismus überläßt nichts dem Zufall. Hinter dieser einfachen ersten Erklärung läuft – Gedanke auf Gedanke – eine Vertiefung des Sinnes dieses Symbols ab, dem es nach Art des Ariadne-Fadens zu folgen gilt.

Das Rad oder Tschakra versinnbildlicht den unaufhörlich immer wieder beginnenden Wesenskreislauf, den *samsara*, in dem sich die Wesen, gefangen in den Netzen der Illusion, ins Unendliche entwickeln. Wenn hier von Gesetz gesprochen wird, so in seiner Akzeptanz der „wahren Natur", jener, die die natürliche Regel des Universums begründet: Ethik und Moral des Menschen. Die höchste Wahrheit von all den verschiedenen Welten und Universen war von Siddharta, zum Erwachten geworden, wahrgenommen, erfaßt, definiert und in für die Generationen des jetzigen kosmischen Zyklus verständliche Worte umgesetzt worden.

Die acht Speichen des Rades des Gesetzes symbolisieren den achtfachen Pfad, die acht Wege der Befreiung, die zum Erwachen führen. Mit nur vier Speichen stellt es die vier entscheidenden „Augenblicke" im Leben des Buddha dar, und die Schüler betrachten es als unabwendbare Waffe in der Bändigung der Leidenschaften. Ständig erinnert es auch an die im vorigen Kapitel erwähnten vier Edlen Wahrheiten.

Außerdem symbolisiert das Rad des Gesetzes den Weg der Mitte. Dies ist der Pfad, den Schakyamuni ging, der predigte, sich vor Extremen zu hüten, vor übertriebener Askese wie vor Ausschweifungen: so erreicht man die höchste Erkenntnis, die Zunge an der Waage zwischen Wirklichkeit und Nichtwirklichkeit der Dinge. Man sieht, welch fundamentales Symbol das Rad des Gesetzes ist, auf dem vielfache Interpretationen gründen, auch wenn diese Facetten letztlich Reflexe einer einzigen Essenz sind.

Nach tibetischer Tradition wurde das Rad dreimal in Bewegung gesetzt: aus Anlaß der ersten Lehre des gerade erwachten Weisen im Damhirsch-Park bei Sarnath, mit Beginn des Mahayana und dann, als der Vadschrayana seinen Anfang nahm.

Die Siddharta-Legende berichtet, daß nach

Klassische Darstellung des Rades des Gesetzes mit den beiden Damhirschen an der Vorderfront eines Klosters

sechs Jahren strengster und vergeblicher Askese sich der zum Buddha Werdende mit einer Reiskugel erquickte und unter einem heiligen Baum am westlichen Ufer der Lilajan, zehn Kilometer südlich von Gaya in Magadha, dem heutigen Bihar, zu meditieren begann. Er hatte beschlossen, diesen Ort bis zu seinem Erwachen *(bodhi)* nicht zu verlassen. Im Verlauf einer berühmten Nacht erreichte er, trotz der Versuchungen der Legionen Maras, des Dämons der Versuchung, Herrn der Begierden und des Todes, sein Ziel, und das Morgenlicht brachte ihm Allwissenheit.

Sieben Wochen lang genoß Schakyamuni diese Glückseligkeit ohnegleichen in der unmittelbaren und seither heiligen Umgebung von Bodh-Gaya. Bei dem Baum von Rajyatana begegnete er dann Tapussa und Balluka, zwei Händlern aus dem heutigen Orissa, die seine ersten Schüler wurden. Diese beiden sind die Damhirsche neben dem Rad; andere sagen, es seien Gazellen, und einige behaupten, es seien in Wirklichkeit Einhörner …

Das Rad des Gesetzes als Basis menschlicher Existenz ist vom Begriff Karma, „Handeln", nicht zu trennen. Jede Handlung ist Frucht einer vorangegangenen Handlung und hat ihrerseits wieder Konsequenzen. Diese Verkettung ist es, aus der das Gesetz besteht, Kausalität genannt. Ein solches System impliziert jedoch nicht ein blindes oder unbarmherziges Vorherbestimmtsein, denn wenn das Karma die gegenwärtigen Situationen gemäß den früheren Handlungen gestaltet, so liegt es am Individuum, auf die Gegebenheiten des Augenblicks zu reagieren. Es hat die Wahl, entweder die Richtung, die seine vergangenen Taten bestimmten, weiterzugehen oder im Gegenteil einen Weg einzuschlagen, der es seiner schlechten Neigungen entledigt.

Es besteht generell die Neigung zur Vollziehung einer Tat. In den Augen der Buddhisten ist es daher wichtig, jeglichen schädlichen Vorsatz zu vermeiden, denn schon allein, ihn in Gedanken zu fassen, hat zur Folge, daß er sich karmisch umsetzt, gut oder schlecht. Dagegen bleibt eine Tat, welche auch immer, die frei von Haß, Begierde und Verblendung vollzogen wurde, ohne karmische Wirkung. Tat ist physisch, aber auch psychisch oder verbal: daher rührt die Notwendigkeit, Körper, Geist und Rede, die das Fundament eines dem Gesetz entsprechenden Daseins sind, rein zu bewahren.

Das Rad hört nicht auf, sich zu drehen bis genau zu dem Moment, in dem sich für immer die Bande der Kausalität lösen, das Wesen sich von der Illusion befreit und die allgegenwärtige Weisheit des Erwachens erlangt.

Das Rad des Gesetzes, gezeichnet auf einer Straße.

KAPITEL 4

ROTKAPPEN UND GELBKAPPEN

Unter dem schützenden Flügel der drei Juwelen

DIE KAPPE, ATTRIBUT IN BESTIMMTEN RITEN, WURDE ZUM KENNZEICHEN ZWEIER SCHULEN, DIE ROTE ZU DEM DER „ALTEN" UND DIE GELBE zu dem der „Modernen". Im Laufe der Entwicklung der buddhistischen Lehre entstanden vier Hauptorden im tibetischen Hochland. Nach einer ersten Übersetzungswelle der Grundtexte (aus weit späterer Zeit als die Lehren des historischen Buddha) bildet sich der Nyingmapa-Orden, dessen Vertreter gewöhnlich „die Alten" genannt werden.

Die folgenden Jahrhunderte sehen blutige religiöse wie politische Kämpfe. Das wahre Gesetz verschwindet, und die alten tibetischen Kulte wie der Bönpo kommen wieder zu Ehren. In der Zeit vom 9. bis zum 13. Jahrhundert n. Chr. kämpfen viele Sekten, die durch die Farbe ihres Ornats gekennzeichnet sind, um die Vormacht; um 1260 erringt sie das Kloster Sakya, das die Lehre neu belebt. Andere Schulen entstehen, wie der Orden Kagyüpa, und begünstigen rund um spirituelle Meister das Erblühen verschiedener Richtungen. Aufgrund ihrer persönlichen Textinterpretationen bereichern diese die philosophischen Überlegungen, und ihre Schüler üben besondere Wege, um das Erwachen zu erlangen.

Der Reformator Tsongkhapa, Gründer der Schule Gelugpa: „Derer, die die Tugend üben" (Statue, 18. Jh.)

Immer im Dogma des achtfachen Pfades verankert, aber das Umfeld, sozusagen seine Saumpfade, erforschend, entstehen kleine Orden, die sich nach dem Tod ihrer Gründer wieder auflösen, besonders jene an zurückgezogenen Orten rund um einen Eremiten oder Asketen, der der Welt entsagte. Aber andere entfalten sich oder schließen sich wichtigen Gemeinschaften an, wie die Kadampa-Schule, die ursprünglich dem mächtigen Kloster von Reting verbunden war.

Eine wesentliche Reform gelang Ende des 14. Jahrhunderts dem großen Gelehrten Tsongkhapa (1355–1417), Gründer des berühmten Klosters Ganden (1409). Hervorgegangen aus dem Gelugpa-Orden (dessen Vertreter gelbe Kappen tragen und nicht die gewohnten roten) und stark beeinflußt von der Kadampa-Schule, hatte er auch Anteil an der Gründung des Sera-Klosters in Drepung in der Nähe von Lhasa. Diese drei monastischen Zentren werden noch heute als „die drei Pfeiler von Tibet" betrachtet. Unter den Schülern Tsongkhapas ragen der erste Dalai Lama (gestorben 1474), spiritueller und politischer Führer, und seine Nachfolger hervor, die nach und nach eine Vorrangstellung gegenüber den früheren Orden, nämlich Nyingma, Sakya und Kagyü, etablieren.

ROTKAPPEN UND GELBKAPPEN

Man darf nicht glauben, daß ein ewiger Kampf die verschiedenen Orden im Laufe der Jahrhunderte zersplitterte. Zweifellos waren die Beziehungen unter ihnen manchmal konfliktreich, aufgrund persönlicher Rivalitäten sowie unterschiedlicher Interessen, oft durch weltliche Verbindungen nach außen veranlaßt. Auf der Ebene der Lehre aber bekennen sich Rotkappen wie Gelbkappen als gläubige Diener des Gesetzes des Buddha. Und wenn die ersteren mit den Alten verbunden werden, die letzteren den Gelug näher stehen, so kommt es im Verlauf bestimmter Rituale vor, daß die eine oder die andere Kappe verwendet wird.

Man kann die Bedeutung dieses Systems von Orden und Schulen nicht verstehen, wenn man nicht den essentiellen Charakter der Beziehung zwischen Lehrer und Schüler erkennt. Für die Buddhisten, welcher Richtung immer, gibt es drei fundamentale Pfeiler, die „Drei Juwelen" der Lehre: der Buddha, seine Lehre *(dharma)* und die Gemeinde *(sangha)*; sie sind Motor und Schutz der spirituellen Suche.

Daher hat der erste Schritt des tibetischen Buddhisten im *kyabdro* zu bestehen, d. h. „Zuflucht suchen" bei den Drei Juwelen. Der Gläubige sucht Schutz und setzt zugleich sein ganzes Vertrauen in die Drei Juwelen, die ihn auf dem achtfachen Pfad leiten. Dieses „Zuflucht nehmen" geschieht gewöhnlich mit einem Fußfall, physisches Zeichen der Demut des Bewerbers, der die Lehre damit ehren möchte.

Abgesehen von dieser ersten Bindung, stellt der Praktikant seine ganze Existenz unter den ergänzenden, aber wesentlichen Schutz der „Drei Wurzeln": der Lama, der ihm Weisung und Segen auf seinem Weg erteilt; der *yidam*, die Schutzgottheit, die als Vermittler agiert und Lohn der Vollendung ist; die Bewahrer des Gesetzes und die weiblichen Mächte (Dakini), Garanten des erwachten Handelns.

So ist die Lehre Objekt tiefer Verehrung, und der unterweisende Lehrer, der sie inkarniert, erwartet von seinen Schülern völlige Hingabe: die Praxis der täglichen Meditation läßt sich nicht vom Studieren der Texte trennen – beides bedarf der Führung eines Meisters. Es sei auch daran erinnert, daß der Titel *lama* nicht jedem Mönch zukommt, sondern nur dem vollkommensten und weisesten, der anderen Lehre wie Ausübung der Riten beibringen und sie gemäß ihren Fähigkeiten bis zum Erwachen führen kann.

Mönche während eines Ritus

KAPITEL 5

DER STUPA

EINE MATERIALISATION
DES INNEREN WEGES

URSPRÜNGLICH IST DER STUPA EIN INDISCHES UND VORBUDDHISTISCHES GEBÄUDE. IM BUDDHISMUS MARKIERTE ER VORERST DIE wichtigsten, durch den Aufenthalt des historischen Buddha geheiligten Orte der Lehre. Man findet ihn daher in Lumbini, seinem Geburtsort, in Bodh-Gaya, wo ihm die Meditation die Tore des Erwachens öffnete, in Sarnath, wo er seine erste Lehre erteilte, und in Kuschinagara, wo er ins Parinirvana einging; in diesem Stupa wurden seine sterblichen Überreste aufbewahrt.

Wie die buddhistische Lehre erfährt der Stupa entsprechend den Breitengraden eine Unzahl von Metamorphosen: So wird er zu Dagoba in Sri Lanka, Tschedi in Siam oder Tschörten in Tibet. Es sind auch so unterschiedliche Beispiele zu nennen wie der Weltenberg Borobudur in Java oder die Pagode Shwe-dagon in Rangun. In Tibet sind zahlreiche Tschörten entlang der Pilgerwege verstreut oder stehen rund um die Heiligtümer.

Die perfekten körperlichen Proportionen des Buddha dienten als Modell bei der Errichtung dieser charakteristischen Monumente, deren Struktur und Konstruktionsregeln streng definiert sind. Die Basis ruht auf einem viereckigen, die Erde darstellenden Fundament, darüber erhebt sich eine Kuppe, das Wasser symbolisierend, verlängert durch Etagen, die die Etappen des Erwachens bedeuten und das Feuer darstellen. Ein stilisierter Sonnenschirm, Sinnbild des Windes, beschirmt den Bau und endet selbst in einer Mondsichel, auf der als Zeichen der kosmischen Oberhoheit des buddhistischen Gesetzes die Sonnenscheibe ruht.

Die Tibeter sehen im Tschörten, der oft als Behältnis für Gaben oder als Grab der großen spirituellen Meister dient, die bildhafte Darstellung von Körper, Rede und Geist des Buddha. Die architektonische Vielfältigkeit gestattet auch, den Sonnenschirm mit einem fünfblättrigen Lotos zu bekrönen, der die fünf Buddhas des Mahayana symbolisiert. Andere Interpretationen machen die wichtigen Augenblicke der spirituellen Suche sichtbar. Manchmal birgt der Stupa im Innersten die Statue einer Gottheit.

Allein, in Gruppen oder Reihen, der Tschörten signalisiert immer die Gegenwart des Buddha und ist nicht von der Weltsicht der tibetischen Tradition zu trennen.

Tschörten in Bodnath (Katmandu):
eines der bekanntesten Reliquiare der buddhistischen Welt

KAPITEL 6

DIE GEBETSMÜHLE

DAS SELBSTLOSE GEBET FÜR ALLE WESEN

IN EINEM „LAND DER HIRTEN UND MÖNCHE, VON DER WELT ISOLIERT UND SO NAHE DEM HIMMEL", SAGTE JAQUES BACOT ZU BEGINN des Jahrhunderts, „ist das Gebet die natürliche Beschäftigung seiner Bewohner." Der *khorten* oder allgemein „die Gebetsmühle" ist zweifellos der bekannteste buddhistische Ritualgegenstand im profanen Bereich, aber auch der beste Begleiter des Pilgers. Man nennt ihn auch Tschökhor, was „Drehen der Lehre" bedeutet und natürlich an die Bewegung des Rades des Gesetzes erinnert, das durch den Buddha in Schwung gebracht worden ist.

Ob groß, ob klein, die Gebetsmühle besteht immer aus einem, meist metallischen, Hohlzylinder mit eingravierten mystischen Zeichen oder Gebeten. Wenn sie tragbar ist, hat ihre Mittelachse einen Griff, soll sie an einem Sockel befestigt werden, ist die Achse an beiden Enden mit einem Fortsatz versehen. Dies ist bei all jenen Mühlen der Fall, die entlang der Außenmauer der Heiligtümer in Handhöhe aufgestellt werden.

In den Tschökhor werden auf Papier oder Pergament geschriebene heilige Texte oder Formeln (Mantras) eingeschlossen. Man setzt die Mühle in Richtung des Sonnenlaufs in Bewegung, und jede Umdrehung entspricht einer Lesung des im Innern befindlichen Gebetes. Diese Vorrichtung wird manchmal mit zusätzlichen Effekten ausgestattet, die ebenfalls hohen Symbolwert haben: einige Mühlen lassen ein leichtes Knirschen hören, moduliert nach der Stärke des Schwunges, das das Wegfliegen der Gebete kundtut, andere sind mit einem kleinen Gegengewicht versehen, das an einer Kette in halber Höhe des Metallkörpers angebracht ist und die Bewegung des Pilgers umsetzt.

Dieses einzigartige Instrument kann aus dem vielfältigsten Material bestehen: aus rohem Metall natürlich, aber auch aus den kostbarsten Legierungen, manchmal sogar aufgewertet durch Perlmutt, Korallen und Türkise. Manche Gebetsmühlen sind wahre Kunstwerke.

Am Eingang der Klöster kann der Tschökhor imposante Dimensionen erreichen. Gegen die Unbilden des Wetters wird er durch ein Dach geschützt oder sogar in einer Art Wachhaus mit Türe installiert. Rundum ist Raum für die Gläubigen ausgespart, durch den sie die sich drehende Mühle, deren Außenwandung mit heiligen Mantras geschmückt ist, begleiten können. Sie wird also durch einen oder mehrere Handstöße angetrieben, die dazu dienen, das Rad in Bewegung zu setzen. In den mehr grünen Gegenden der Täler in den Nischen

Unaufhörlich dreht der Pilger auf seinem Weg die Gebetsmühle.

DIE GEBETSMÜHLE

der Hänge des Himalaya werden Wasserfälle und Bäche dank eines elementaren, aber wirksamen Systems eingesetzt, um Gebetsmühlen in Bewegung setzen, die ohne Unterlaß, von nah und fern widerhallend, die Litanei der Gebete murmeln.

Die Tibeter haben auch den Brauch, die Dächer ihrer Häuser mit Gebetsfähnchen zu schmücken, die meistens zu Girlanden geflochten sind. Man findet sie auch auf den Zelten der Nomaden oder an den Brücken, die die wirbelnden Wasser überspannen. Gebetsformeln werden auf kleine Stoffstücke gedruckt, die mit den Grundfarben (Gelb, Weiß, Rot, Grün, Blau) gefärbt sind, welche den fünf Elementen (Erde, Wasser, Feuer, Luft, Äther) entsprechen, den fünf Sinnen oder den fünf Weisheiten. Mit diesen Gebetsfähnchen will man allen Wesen in den bevölkerten Weiten wie in den öden Unermeßlichkeiten ein gutes Wort zukommen lassen. Sie haben aber auch die Funktion, Glück zu bringen, Gesundheit zu bewahren, indem sie vor Krankheit, bösem Blick, Dämonen oder Unglück schützen, und schließlich Dank auszudrücken für ein erfülltes Gelübde oder eine unerwartete Wohltat.

Rund um die Klöster sind sie Siegesbanner und signalisieren an den hohen Masten der Beachtung würdige Orte. Sie markieren auch die Lage heiliger Höhlen oder den höchsten Punkt eines Passes, wo der Reisende den Göttern für ihren Schutz zu danken hat.

Diese kleinen gefärbten Stoffstücke schmükken zur Zeit der Aussaat die Stirn der Arbeitstiere, um gute Ernten zu sichern; die die Pilger begleitenden Yaks tragen sie ebenfalls: sie werden nicht geopfert und sterben eines natürlichen Todes.

Am häufigsten wird auf den Bannern Lungta, das Windpferd, abgebildet, Träger des alle Wünsche erfüllenden Juwels. Man kann darauf den Namen dessen schreiben, dem die von den Winden zugetragenen Wünsche bestimmt sind. Der verfügbare Platz ist voller heiliger oder magischer Formeln, und gewöhnlich beschützen die vier Ecken Tiger, Löwe, Drache und der mythische Vogel Garuda – alles hochsymbolische Tiere für Macht und Energie. Siegesmaste erklettern oder Gebetsfähnchen anbringen kann auch anläßlich von Zeremonien geschehen, wobei die Anwesenheit der Mönche der Aktion einen heiligen Charakter verleiht, was diese noch segensreicher macht.

Gebetsfahnen

KAPITEL 7

DER HEILIGE MANTRA

OM MANI PADME HUM

DIE TAUSENDJÄHRIGE LITANEI DIESES MANTRA IST SYMBOL FÜR DAS BUDDHISTISCHE LEBEN IN TIBET UND ZUGLEICH AUSDRUCK EINER bestimmten Art des Seins. Er war Gegenstand Hunderter Auslegungen und Tausender Interpretationen. Die Tibeter sprechen ihn OM MANI PEME HUM aus, und er wird am besten mit „Om Juwel im Lotos hum" übersetzt. Allein seine ernsthafte Rezitation bringt dem Gläubigen spirituelles Wohlergehen. Dem Adepten enthüllen die komplexen Bedeutungen jedes Tons die eintausendundacht Facetten der Wirklichkeit – oder der Illusion.

Der Ursprung dieses Mantra ist an Tschenresi-Avalokiteschvara gebunden. Er ist der eigentliche Schutzherr des Hochlandes und ist im Dalai Lama inkarniert, der, gegenüber wem immer, dessen spiritueller und weltlicher Herr bleibt.

Für den Praktikanten des Vadschrayana oder Tantrayana sind OM und HUM mit Macht beladen und daher mit unendlicher Vorsicht zu verwenden. OM stellt Körper, Rede und Geist des Schülers, aber auch eines Buddha dar: es symbolisiert deren Verwandlung und daher die Erlangung des Erwachens. MANI, das Juwel, erfüllt alle Wünsche und ist das höchste, ersehnte Ziel. PEME, der Lotos, inkarniert die Weisheit, vor allem die der vollkommenen Leere. Schließlich drückt HUM die Unteilbarkeit aus, die unteilbare Einheit von Methode und Weisheit.

Der tibetische Große Mantra drückt in Summe aus, daß die Praxis eines Weges der untrennbaren Vereinigung von Weisheit und geeigneter Mittel zur Verwandlung von Körper, Rede und Geist führen kann, daß diese so vollkommen rein wie die des Buddha werden. Diese Lebensdisziplin führt das Denken in die tiefsten Tiefen bis zum Erreichen des hellen Lichts.

Überall auf der Hochebene findet man den Großen Mantra, auf Gebetsfahnen, auf Mani-Steinen am Wegesrand, als siegreiche Inschrift quer über Bergflanken. Ganz Tibet erkennt sich in diesen wenigen Worten wieder, die es von Epoche zu Epoche, von einem Leben zum nächsten begleiten. Es ist eine Art magischer Spiegel, ein höchster Schutz von innen her, und er steht an erster Stelle unter den Worten der Macht, denn dieser Mantra ist unauflöslich mit dem Dalai Lama verbunden.

Om mani padme hum in fünf symbolischen Farben als Relief auf einem Stein am Wegrand

ཨོཾ་མ་ཎི་པདྨེ་ཧཱུྃ

KAPITEL 8

DIE GEBETSKETTE

DER MALA

DER MALA IST EINE ART BUDDHISTISCHER ROSENKRANZ, EINES DER WICHTIGSTEN ATTRIBUTE DES PILGERS WIE AUCH EINIGER Gottheiten. Er besteht aus 108 Perlen und wird zum Beten verwendet, vor allem aber zum Zählen der Wiederholungen eines Gebetes. Die Gebetsformeln differieren leicht je nach Schule oder Gottheit. Die Gläubigen, Mönche oder Laien wenden sich an jene Gottheit, der sie sich nahe fühlen, oder sie halten sich an den bei ihrer Initiation gegebene Mantra oder an eine Anrufung, die von einem Lama zu einem bestimmten Zweck gelehrt wurde, wie Schutz, Heilung oder Dankesbezeigung.

Unter allen genießt der Mani die höchste Gunst. Eine weit verbreitete Praxis besteht darin, allein oder in Gemeinschaft diesen Mantra 1.000.000 Mal zu wiederholen, zum Zweck der Reinigung oder um Verdienst anzuhäufen. Diese Übung macht außerdem das Denken klar und ruhig, eine unerläßliche Vorbereitung zur Meditation. Wenn mit dem Mala die Rezitation skandiert wird, werden die Perlen mit der rechten Hand gezählt, unbenutzt wird er wie ein Armband um das linke Handgelenk getragen.

Da die frommen Tibeter zwar in keiner Weise vor astronomischen Zahlen noch vor dem Rezitieren eines immer gleichen Mantra zurückschrecken, aber fürchten, sich beim Zählen zu irren, schalten sie vier Merkzeichen ein, Tschaturmaharadscha genannt. Das sind größere Perlen oder auch Symbole als Anhänger (Donnerkeil und Glocke), die an einem gedrehten roten Faden am Mala befestigt sind. Die tibetischen Malas enden oft in drei größeren Perlen, die die Drei Juwelen darstellen.

Jedes Material kann zu einem Mala werden: Holz (am verbreitetsten), Samenkörner, Glas, Stein oder Halbedelstein, Elfenbein, Jade, Koralle, Türkis, Perlmutt. Die Farbe ist nicht unwichtig: wenn möglich, wird jeder die Farbe bevorzugen, die der gewählten Gottheit zugeordnet ist.

Für gewisse geheime Riten benützten einst die tantrischen Meister Gebetsketten aus geschnitzten oder nicht geschnitzten Knochen; es heißt, daß sie aus 108 Schädeln geschnitten wurden – eine Art Beweis, daß der Initiierte die Furcht gemeistert hat oder sogar das Rätsel des Todes. Der Mala ist auch Kennzeichen berühmter Lehrer und verschiedener göttlicher Manifestationen.

Eine im tantrischen Kult gebräuchliche Gebetskette mit 108 Perlen aus geschnitzten Knochen

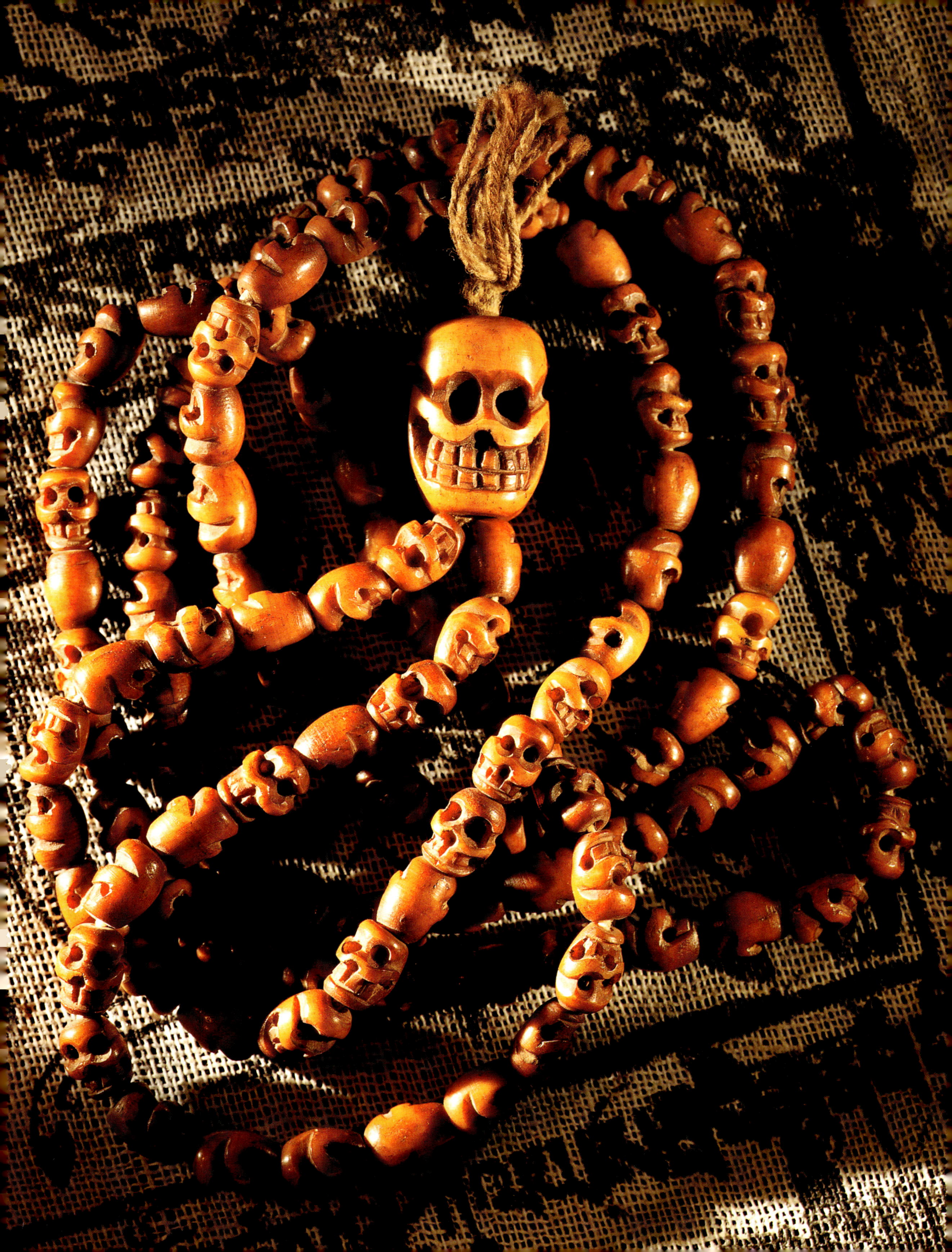

KAPITEL 9

DER ALTAR

NICHTS IST SCHÖN GENUG FÜR DEN ERWACHTEN

OB ES SICH UM EINEN HAUSALTAR ODER UM EINEN ALTAR IM HEILIGTUM HANDELT, FÜR DIE TÄGLICHE PRAXIS DES GLÄUBIGEN SIND gewöhnlich vier Darstellungen unbedingt notwendig: eine des Buddha, Statue oder Bild, begleitet von Avalokiteschvara, dem großen Barmherzigen, Tara, der Inkarnation der Aktivitäten des Buddha, und Atschala, der Gottheit, die die Hindernisse beseitigt. Diesen können noch andere Gottheiten beigestellt werden, die Gegenstand persönlicher Verehrung sind, sowie der Bodhisattva der liebenden Zuneigung oder auch Maitreya.

Vor diesen Darstellungen liegen die Opfergaben: Nahrungsmittel und Früchte oder Blumen, in sieben Ritualgefäßen klares Wasser, Kerzen in Tiegeln. Wie bescheiden die Opfergaben sein mögen, sie sind mit größter Sorgfalt zuzubereiten und mit den besten Absichten darzubringen. Dies ist entscheidend, andernfalls wären die schönsten Gaben ohne Wert.

„Man darf nicht zu viel Aufmerksamkeit den äußeren Dingen widmen, die Betonung sollte vielmehr auf der inneren Entwicklung liegen", mahnt oft der Dalai Lama. Es darf niemals vergessen werden, daß die Absicht, die hinter dem Darbringen der Opfergaben liegt, viel wichtiger ist als die Handlung selbst.

Vor den Gottheiten finden sich Kannen mit Nektar oder reinigendem Wasser, Fächer aus Pfauenfedern, verzierte Tritonsmuscheln, Donnerkeil und Glocke (Dordsche und Drilbu), magischer Dolch (*phurbu*), kleine Räder, Mala, Tschintamani (der alle Wünsche erfüllende Juwel, der Erkenntnis und freien Geist bedeutet), Vasen mit Blumen, Fliegenwedel, dreidimensionales Mandala, Spiegel, Schwert, Lanze oder Dreizack, Axt oder Hacke (dies sind Verteidigungswaffen zum Schutz des Buddha und seines Gesetzes, aber auch Zeichen des Sieges über die Kräfte des Bösen oder des Nichtwissens). Unter Thangkas und Brokaten stehen auch Votivbilder.

Zwischen diesen ausgebreiteten Reichtümern und der Kargheit der Asketenhöhlen von einst steht folgende Bemerkung des Dalai Lama: „Leute wie wir hängen viel zu sehr von äußeren Dingen ab, wie Statuen, Weihrauch, Butterlampen etc.... Wenn aber diese Dinge keine Wirkung auf den Geist ausüben, sind sie zu nichts nutze."

Tibetischer, reich geschmückter Altar vor einem Buddha mit der Dharmatschakra-Mudra („In Bewegung setzen der Lehre")

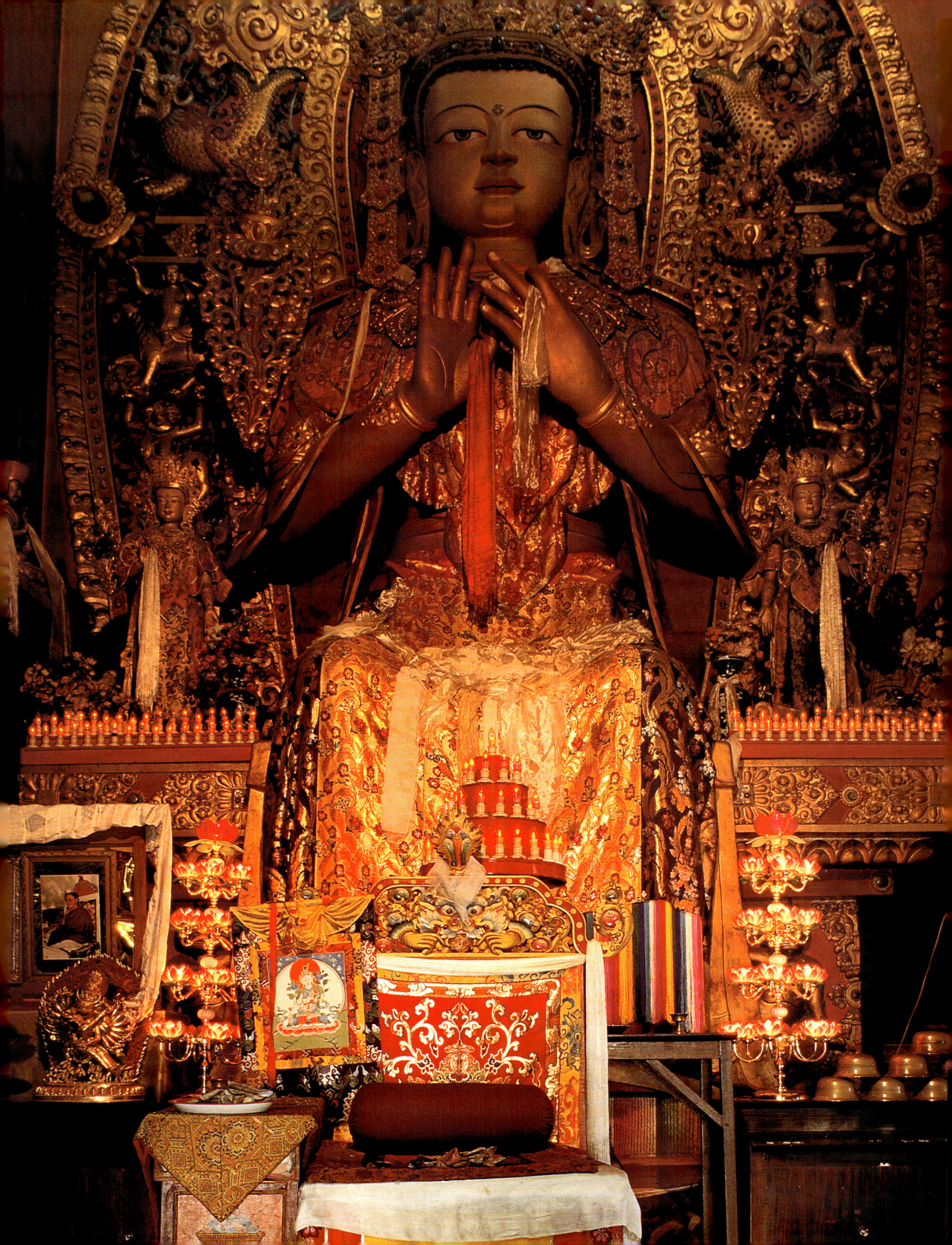

KAPITEL 10

DIE MUSIKINSTRUMENTE

IM DIENST DER GÖTTER FÜR DAS WOHL DER WESEN

MUSIK UND GESANG SPIELEN IM TÄGLICHEN LEBEN DER TIBETER EINE GROßE ROLLE (Z. B. BEI DER ARBEIT AUF DEM FELD), ABER AUCH TANZ und Zerstreuung. Vor kurzem noch gab es im Sommer Picknicks mit viel Musik am Wasser, und Lhasa hatte seine Opern- und Theatersaison.

Wie jede Kunst im Hochland ist auch die Musik hauptsächlich eine religiöse. Der Tanz ist stark vom *cham*, dem heiligen Tanz klösterlichen Ursprungs, beeinflußt. Die tibetische liturgische Musik ist reich an faszinierenden Wohlklängen, die unerwartete Echos hervorbringen. Diese bewirken, so wird öfters berichtet, beim ersten Hören einen heiligen Schauer. Eben in diesem Sinne sollen sie für einzelne Vibrationen empfänglich machen, ein Tor zu einer Realität jenseits der Realität öffnen.

Die tibetischen Meister der Töne haben den Ruf, durch die Arbeit an der Stimme eine seltene und große Meisterschaft erreicht zu haben, die Jahre der Übung erfordert und deren Praxis einem Yoga-Weg gleichkommt. Nach Aussage der in dieser Kunst Bewanderten findet man dadurch, erweitert und verstärkt, die innere Melodie des menschlichen Köpers, wie man sie hören kann, wenn man die Ohren zuhält, um den Lärm von außen abzuhalten. Es ist eine Musik an der Grenze, von seltener Kraft und verblüffender Reinheit, die zugleich Leid und Mitleid, unermüdliche Suche und besänftigende Ruhe mitteilt.

Beim Ritual wirken auch verschiedene Blas- und Schlaginstrumente mit. Das beeindruckendste ist vielleicht der Radung, eine teleskopartige Trompete, deren Handhabung mehrere Leute erfordert: einer bläst, die anderen tragen sie. Aus drei ungleichen, ineinandergeschobenen Teilen zusammengesetzt, kann sie eine Länge von mehr als viereinhalb Metern erreichen. Sie besteht aus getriebenem Metall, das hier und dort von oft sehr schön verziertem Holz ummantelt wird. Diese Trompete mit extrem tiefem Ton kündigt den Beginn der Zeremonien oder eine Ruhepause an. Um die Kontinuität des Tones zu gewährleisten, werden immer zwei Instrumente geblasen; die Trichteröffnungen ruhen direkt auf der Erde oder auf einem Träger, d. h. auf den starken Schultern von Mönchen. Um den Ruf weithin schallen zu lassen, spielen die Musiker meistens auf dem Dach der Klöster.

Der Gyaling, einer Oboe ähnlich, ist praktisch an allen Zeremonien beteiligt, ausgenommen exorzistischen Ritualen. Er bestreitet die hohe Partie der Melodie und ist oft reich verziert. Die Tritonsmu-

Der Damaru: die rituelle Trommel mit den beiden aus- und anschlagenden „Kugeln"

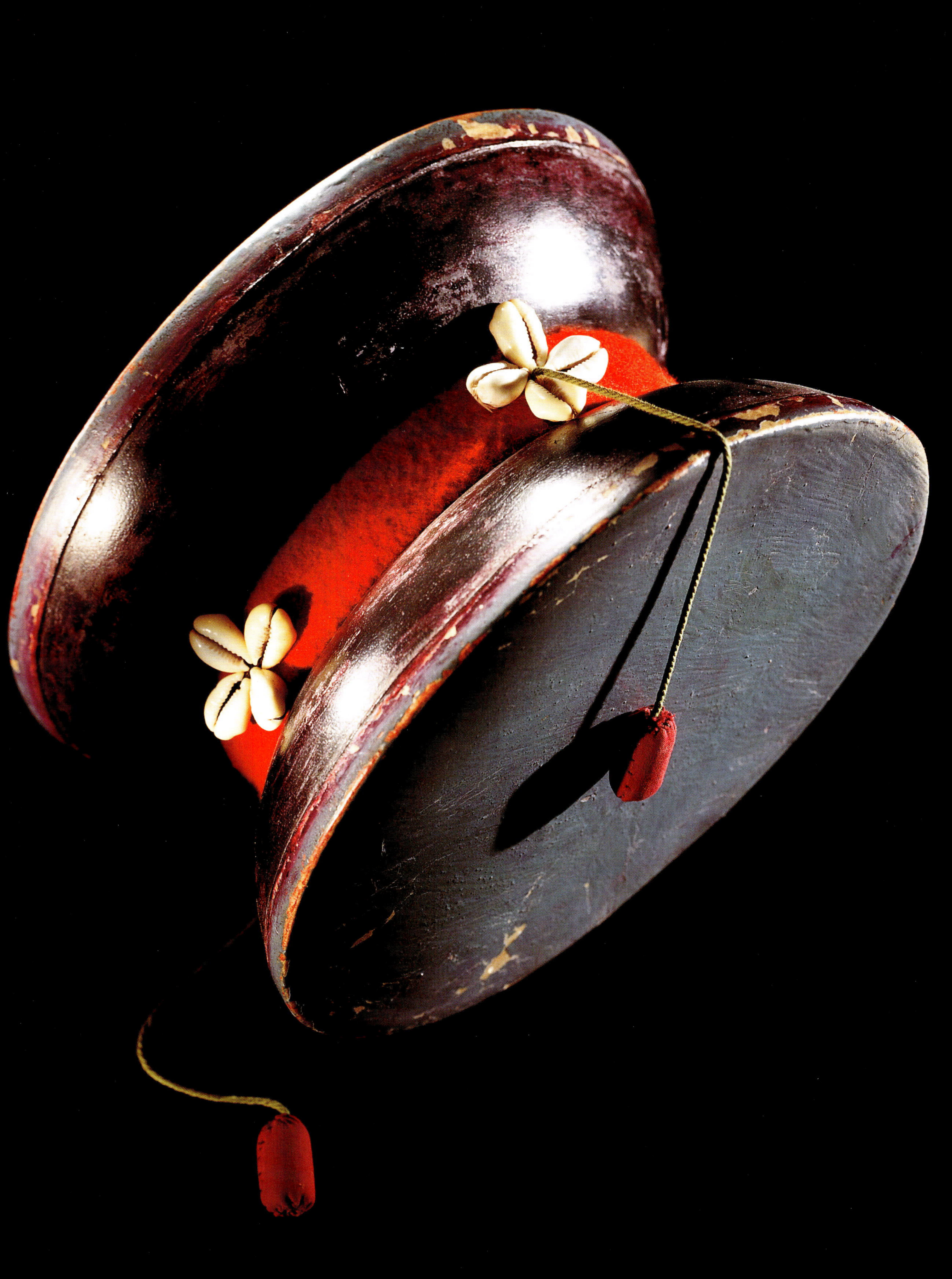

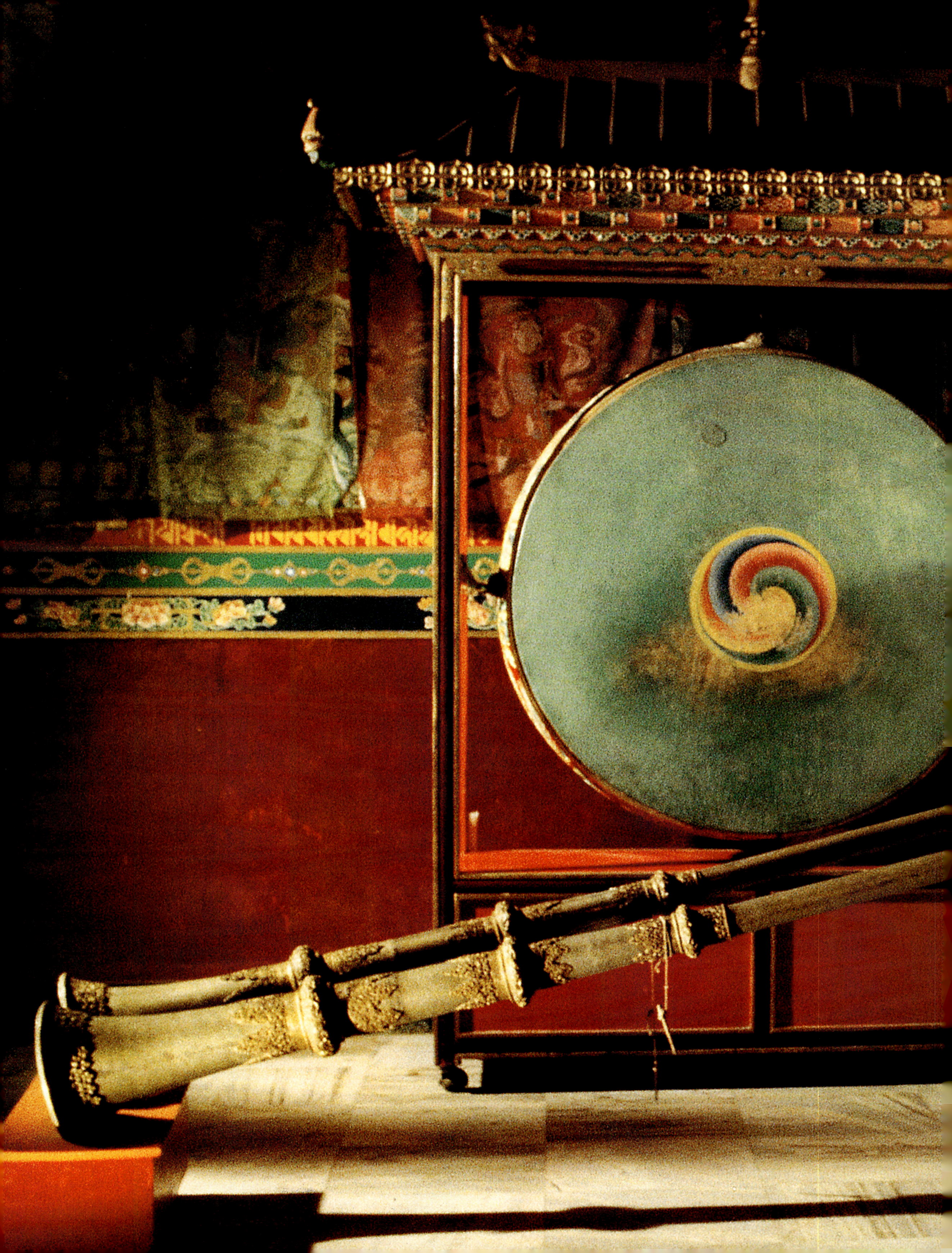

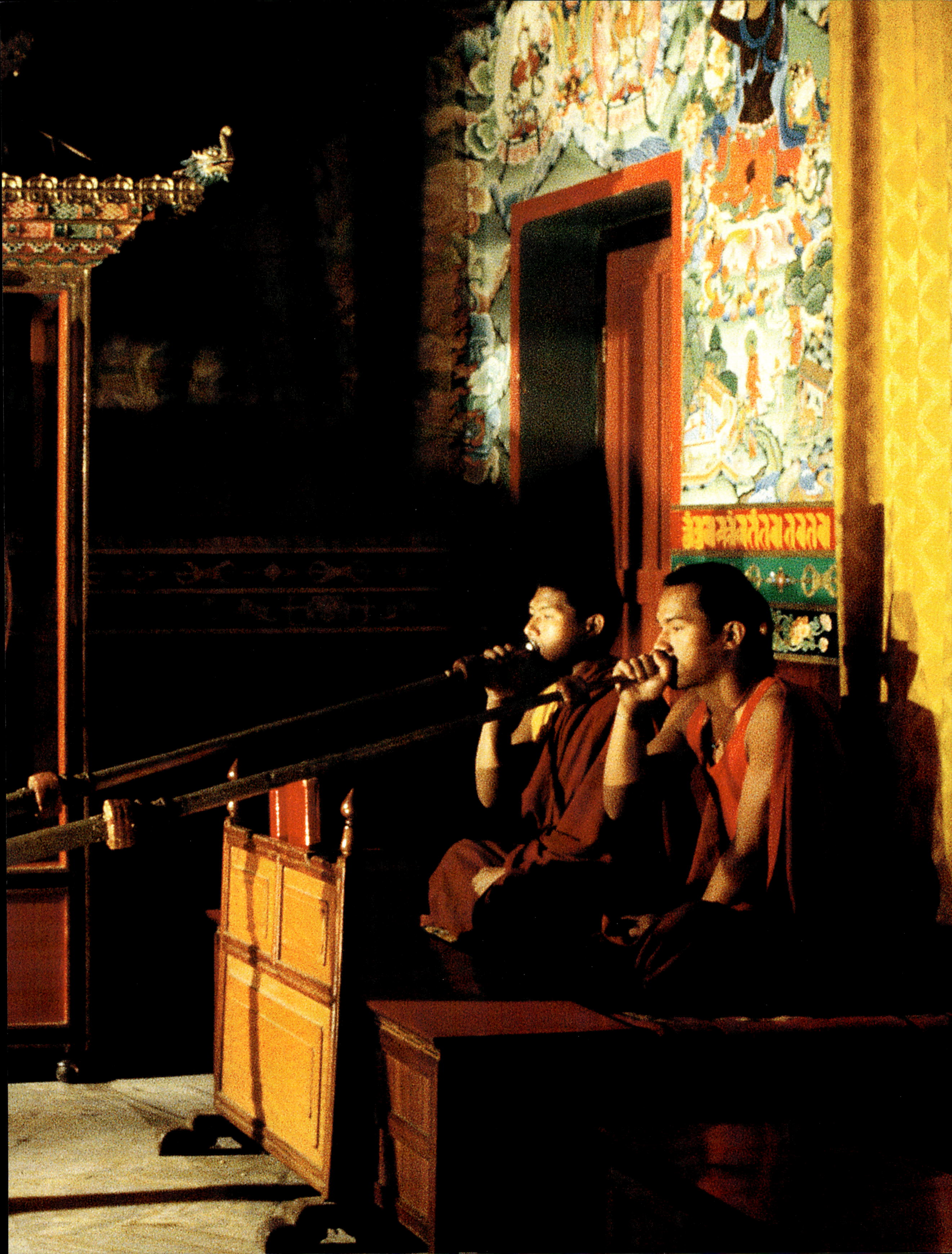

DIE MUSIKINSTRUMENTE

schel steht ebenfalls in hoher Gunst. Ihr Mundstück ist häufig mit Silber überzogen, und die Schallöffnung schmücken Stoffstücke. Sie erinnert die Gläubigen an ihre täglichen Pflichten, aber man benützt sie auch für Notrufe, zum Beispiel im Osten des Landes, um vor Hagel oder Schneesturm zu warnen. Bei gewissen Riten, wie der Kalatschakra-Initiation, dient die Tritonsmuschel zur Besprengung der Teilnehmer mit reinigendem Wasser.

Besondere Aufmerksamkeit erregt eine andere rituelle Trompete: der Kangling. Er besteht aus dem Schenkelknochen eines Menschen oder, wenn nicht vorhanden, eines Tieres, der poliert und manchmal kunstvoll bearbeitet wird. Er soll in Tibet im Gefolge der großen tantrischen Meister wie Padmasambhava (8. Jahrhundert) zur Vollziehung esoterischer Riten aufgetaucht sein. Außerdem findet er sich oft unter den Attributen, die den zornigen Gottheiten eignen.

In unterschiedlicher Größe werden bei den Kulthandlungen Zimbeln eingesetzt, die großen im Kult der schrecklichen Gottheiten, die kleinen in dem der wohlwollenden, bei der Darbringung der Opfergaben in tantrischen Zeremonien. Ihre Legierung wird je nach dem gewünschten Klang bestimmt.

Die große Trommel, ‚Gebet' genannt, wird an der Achse getragen und im Rhythmus der Prozession oder Zeremonie mit einem Leder- oder Stoffballen am Ende eines langen zurückgebogenen Stabes geschlagen. Die Mönche verwenden sie, um die Gemeinde zu versammeln oder bei tantrischen Kulthandlungen.

Aus Indien kommt der allgegenwärtige Damaru, eine kleine Trommel aus zwei gegeneinander zusammengefügten hölzernen Halbkugeln, die mit Stoff oder Haut bespannt und mit je einer Kugel an Schnüren versehen sind, so daß diese bei Drehung der Faust in Bewegung versetzt werden und einzelne sonore Töne von sich geben. Die tantrischen Meister bevorzugen manchmal einen Damaru aus zwei Schädeln, bestückt mit kostbaren Steinen. Der Damaru skandiert die Rezitation von Mantren oder unterstreicht ihre wichtigen Passagen. Beim Regenzauber wird die Tonkombination von Damaru, Glocke (Drilbu) und Knochentrompete verwendet.

Es werden noch andere Instrumente im Hochland eingesetzt: So dient den Magiern und anderen Zauberleuten, von der Bevölkerung sehr gefürchtet, ein Yakhorn als Horn, und die wandernden Musiker und Sänger begleiten sich oft auf ihren Wanderungen auf einer rudimentären Laute mit einer oder zwei Saiten.

Musikalisches Wissen und die Fallstricke seiner Anwendung sind nie genau aufgezeichnet worden. Die Unterweisung erfolgt während des Spieles. Die einzigen verfügbaren Hinweise bestehen in geschwungenen Linien, die voll ausgezeichnet oder zart sind und deren Höhen das Fortissimo und deren Tiefen das Piano markieren.

In den Zeremonien interpunktieren die Zymbeln die Gebete. Vorhergehende Doppelseite: Novizen, die den Radong zu blasen üben.

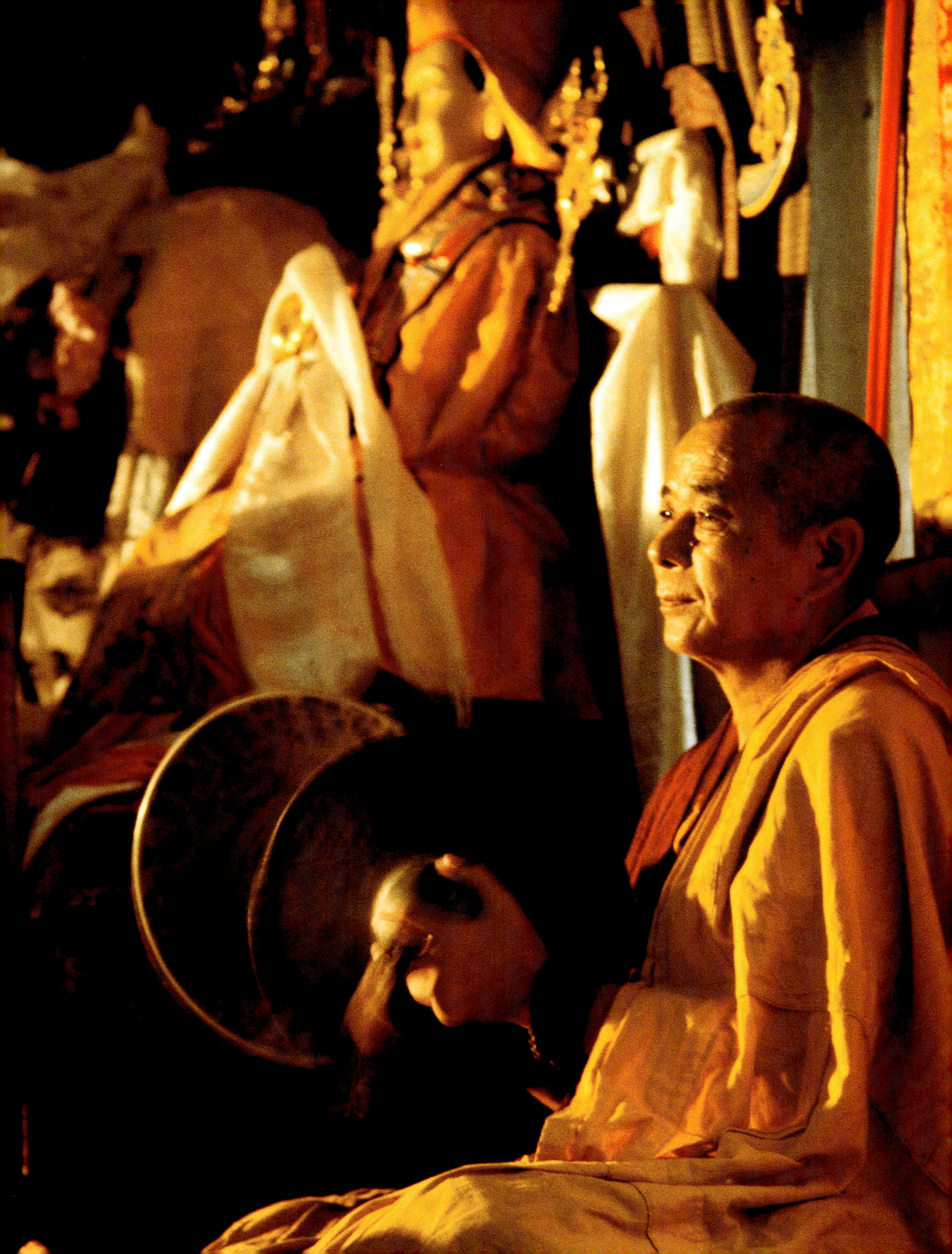

KAPITEL 11

DIE GLÜCKS-SCHÄRPE

Die Katha

SIE IST SYMBOL FÜR HÖFLICHKEIT UND SEGEN, ZEICHEN EINFACHER KULTIVIERTHEIT, GESTE DES ANBIETENS UND EMPFANGENS, EIN HÖFlicher Austausch. Sie fehlt bei keiner Zeremonie, ob großer oder kleiner, offizieller oder familiärer: meist weiß, manchmal orange oder goldgelb, wenn sie eine religiöse Bedeutung anzuzeigen hat; in der Mongolei hat sie die blaue Farbe des Himmels.

Die schönsten Schärpen bestehen aus leicht moirierter Seide mit eingewebter Mani-Formel und den acht glückbringenden Zeichen, sind schmiegsam und flauschig und mit langen Fransen versehen. Ein sehr langes Gewebe, ungefähr vier Meter lang und einen Meter breit, ist fast ausschließlich den höchsten religiösen Würdenträgern und bedeutenden Persönlichkeiten vorbehalten. Die Kathas der ungezwungeneren Kreise, weniger prächtig, aber mehr verbreitet, sind stets aus Seide, aber von bescheideneren Dimensionen: weniger als drei Meter lang und 90 Zentimeter breit. Die gebräuchlichsten sind um vieles kleiner und eher ein Symbol; heute sind sie selten aus Seide, manchmal noch aus feinster Baumwolle, meistens jedoch aus synthetischem Gewebe, nur noch Symbol eines Symbols. Nichtsdestoweniger liegen sie immer noch in überquellenden Mengen zu Füßen der Götterstatuen – Zeugen eines lebendigen Glaubens.

Da die Tibeter für ihren Pragmatismus und für eine an Perversität grenzende Subtilität bekannt sind, gehorcht das Überreichen der Katha einem Kodex, der reicher an Bedeutung ist, als es scheinen mag. Höher gestellten Personen, etwa einem großen Lama oder einem hohen zivilen Würdenträger, wird die Schärpe mit gefalteten, zur Stirn erhobenen Händen und unter zeremonieller Verneigung dargeboten. Die Geste bekundet Respekt und guten Willen. Im Falle die Katha zurückgereicht wird, bewahrt sie der Eigentümer wie einen Talisman auf, denn dadurch wurde sie zur Segensbringerin. Wenn eine andere Schärpe als Gegengabe geboten wird, so gilt dies als Unterpfand des Schutzes, begleitet von kostbaren Wünschen. Unter Gleichgestellten erfolgt der Austausch in der Höhe der Schultern. Einem viel jüngeren wird sie um den Hals gelegt. Ein in die Katha gewickeltes Geschenk hat erhöhten Wert, da sich zur Eleganz der Geste der komplizierte Vorgang des Austausches fügt.

Die seidene, weiße Katha: Zeichen für die Reinheit der Absicht und den Respekt der darbietenden Person

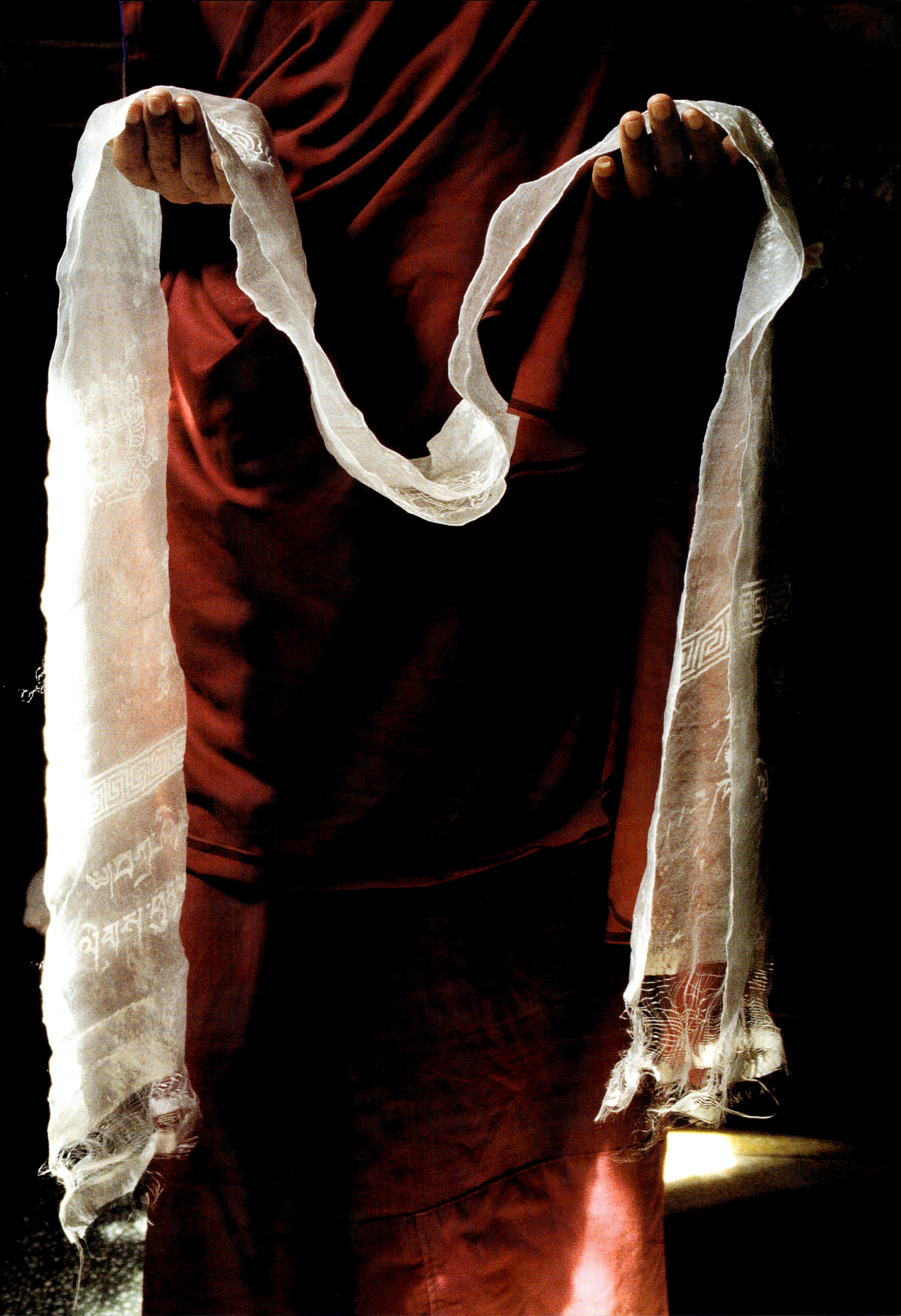

KAPITEL 12

DONNERKEIL UND GLOCKE

DORDSCHE UND DRILBU
DIE METHODE UND DIE WEISHEIT

DONNERKEIL (ODER DIAMANTSZEPTER) UND GLOCKE, VADSCHRA UND GHANTA, DORDSCHE UND DRILBU: DIESE AUF DEM WEG DES Diamanten (Vadschrayana) gebräuchlichsten Objekte stellen das alltäglichste wie das komplexeste Symbol des tibetischen Buddhismus dar. Ohne sie sind Riten und Zeremonien kaum denkbar, von der Meditation in Einsamkeit bis zu den großen Versammlungen, die das klösterliche Leben bestimmen.

Der Vadschra wird mit der unzerstörbaren Reinheit des Diamanten assoziiert, mit der Wahrheit, die keine Kraft und keine Waffe zu zerstören weiß; zugleich, aber auf einer anderen Ebene, bedeutet er den Sieg der Erkenntnis über das Nichtwissen, die Herrschaft des Geistes über die drei „Gifte", die die Existenz verdunkeln.

Der Donnerkeil in der rechten Hand des Praktikanten ist Unterpfand der Stabilität der Methode, die Glocke in seiner linken ist der Ruf der Weisheit der Unbeständigkeit. Das Gleichgewicht zwischen den beiden wird mit Hilfe der Mudras, den rituellen Gesten, hergestellt. In den Händen der Meister esoterischer Richtungen symbolisiert das untrennbare Paar die Einheit von männlicher Potenz und weiblicher Energie oder ist Sinnbild der dualen Einheit von absoluter und relativer Wahrheit.

Ursprünglich war der Vadschra ein Attribut des hinduistischen Gewittergottes Indra. Vom Buddhismus adoptiert und adaptiert, hat er im Hochland, zum Dordsche geworden, einen vorrangigen Platz unter den tantristischen Symbolen eingenommen. Aus Metall oder Stein, mit ein bis neun Rippen versehen, hat der gebräuchlichste Donnerkeil drei Rippen. Sie repräsentieren die Drei Juwelen. Mit je einer Rippe bedeutet der Dordsche die Vereinigung der spirituellen Welten mit der materiellen; mit je zwei Rippen (äußerst selten) die Dualität der Erscheinungen; mit vier Rippen verdeutlicht er die großen Momente im Leben des Schakyamuni; mit fünf – eine Krone – oder auch vier Rippen um eine Achse die fünf Elemente, die fünf Weisheiten oder die fünf uranfänglichen Buddhas. Donnerkeile mit je neun Rippen sind, sogar in Tibet, außergewöhnlich und sollen mit geheimen Deutungen verbunden sein. In jedem Fall ist er ein Symbol des Absoluten jenseits aller Gegensätze oder der durch Meditation gewonnenen fundamentalen Einheit.

Der doppelte Dordsche oder gekreuzte Vadschra wird manchmal als Rad des wahren Gesetzes interpretiert. Bestehend aus zwei in der Mitte ver-

Donnerkeil und Glocke: wesentliche Symbole für die unlösbare Einheit von Methode (Mittel) und Weisheit (Erkenntnis)

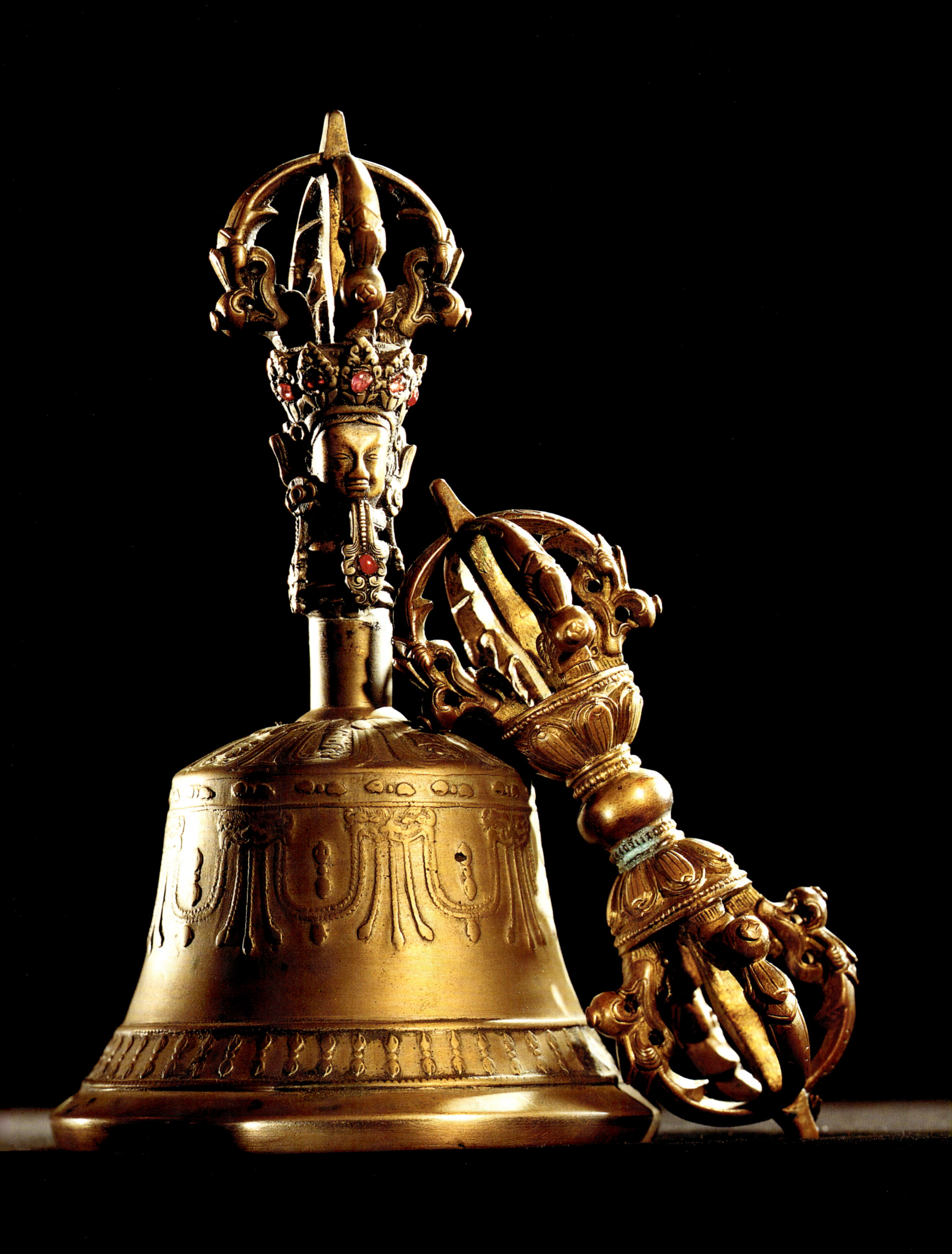

DONNERKEIL UND GLOCKE

bundenen Donnerkeilen, symbolisiert er die Unzerstörbarkeit der Essenz aller Phänomene, die vollendete Einsicht in die diamantene Wahrheit.

Der Dordsche schmückt oft den Stiel seines Pendants, der Glocke, Zeichen der Untrennbarkeit ihrer Funktionen in der täglichen Praxis. Der Prototyp dieses Sinnbildes par excellence des tibetischen Buddhismus wird im Kloster von Sera in der Umgebung von Lhasa aufbewahrt. Der Bevölkerung ist er nur einmal im Jahr anläßlich einer bedeutenden Zeremonie zugänglich. Er soll Padmasambhava selbst gehört haben und in seiner Meditationshöhle in Yerpa von seinem Schüler Datscharpa gefunden worden sein.

Die Glocke, Ghanta oder Drilbu, spielt eine konträre wie eine komplementäre Rolle in diesem Symbol der transzendentalen Erkenntnis. Ihr Stiel kann in einem Stupa, einem Tschintamani oder einem mehrrippigen Dordsche enden. Sie ist der Ton par excellence, aber auch die Leere und die Unbeständigkeit: ihr kristallener Klang, der, sobald erzeugt, wieder erlischt, erinnert daran, daß alles vergänglich ist. Sie repräsentiert das plötzliche intuitive Wissen, das in einem Augenblick die Leere erfaßt und versteht, ohne Überlegen und Nachdenken. Dank der Vibrationen des Mantra oder der sie begleitenden *dharani*, mit schöpferischem Vermögen versehen, hat die rituelle Glocke auch die Funktion, das Erwachen des Herzens zu bewirken oder wenigstens anzuregen.

In einer Welt, die von Polaritäten beherrscht wird, wo es keinen Tag ohne Nacht, keinen Nadir ohne Zenith, keinen Norden ohne Süden, keinen Okzident ohne Orient gibt, weist das Paar Dordsche-Drilbu auf das Bild der voneinander abhängigen, unlösbar vereinigten Kontraste hin: das ist die eigentliche Essenz des Diamantenen Weges, Keim oder Samen der dualen Einheit der gegensätzlichen Erscheinungen, durch welche sie sich manifestiert. In diesem Sinn drückt der Diamant die absolute Klarheit der Leere aus, verschleiert durch zahllose verschiedene Masken. Für den Gebrauch bestimmter Riten stellen Vadschra und Ghanta zwei fundamentale, vom buddhistischen Universum quasi nicht zu trennende Diagramme dar, die Mandalas Garbhadhatu und Vajradhatu, die Welt der Erscheinungen und die der spirituellen Energien/Kräfte.

Die Kombination dieser beiden Aspekte ist wesentlich, um zum Erwachen zu gelangen.

Mönch mit Donnerkeil und Glocke während einer Kulthandlung

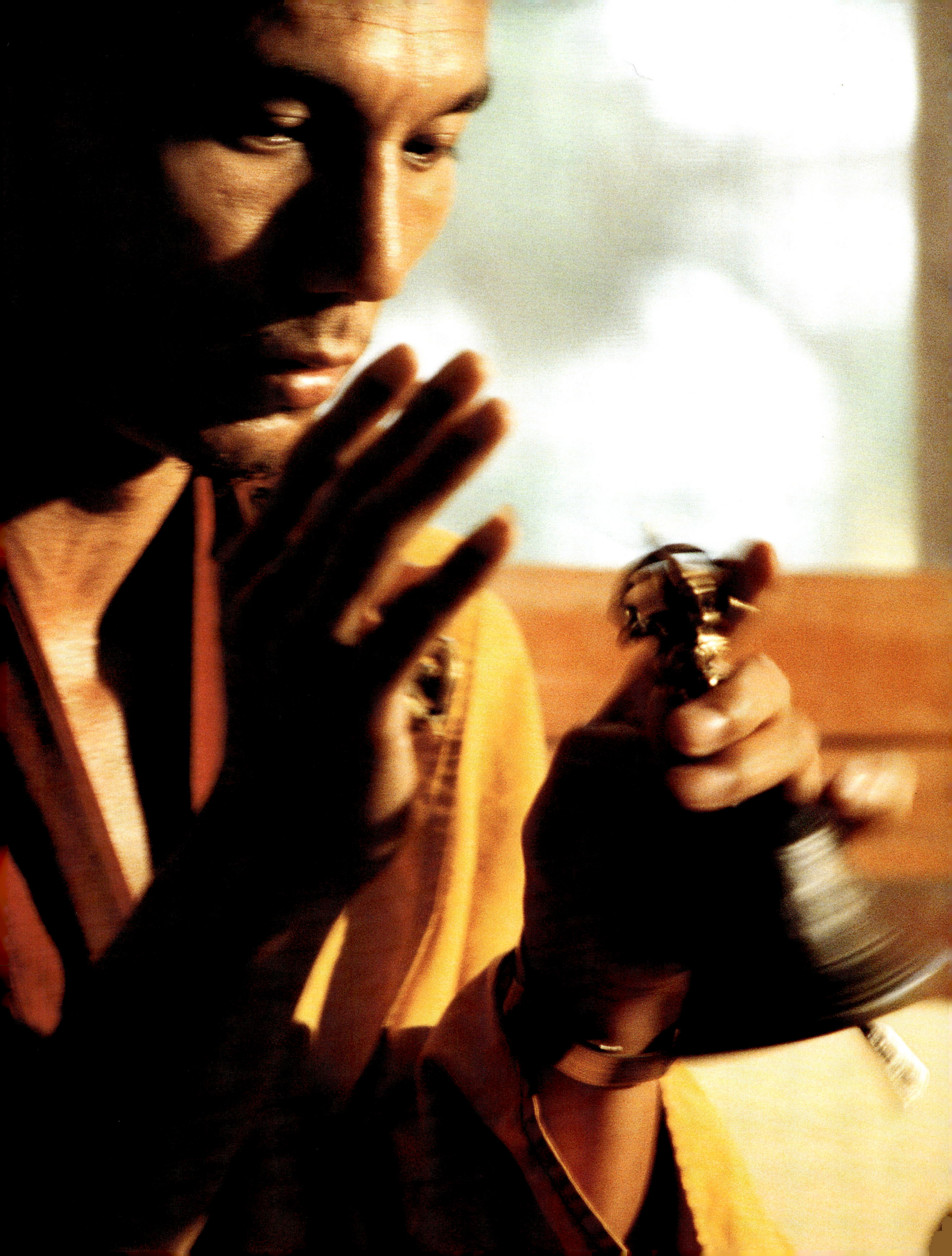

KAPITEL 13

RITUALDOLCH UND RITUALSCHALE

TRIUMPH ÜBER DIE INNEREN FEINDE

DIES IST VIELLEICHT EINES DER VERBLÜFFENDSTEN PARADOXA IM BUDDHISMUS TIBETISCHER ART: EINERSEITES VERDANKEN Meister und Praktikanten ihren guten Ruf der stillen Kraft, der Qualität des Zuhörens und der Ernsthaftigkeit – andererseits haben wir die reichhaltigen Darstellungen von zornigen und schrecklichen Gottheiten, bei deren Anblick man zurückschreckt, sei es aus Ablehnung, sei es aus Furcht. Diese Allegorien sind nur andere Facetten der wohlwollenden und schützenden Gottheiten, Projektionen des Geistes, deren eine Funktion es ist, die Feinde der Lehre zu bekämpfen, die andere aber, die spirituellen Gifte, die das Erwachen verhindern, durch Verwandlung auszulöschen.

Aus dem wohl assortierten Arsenal sind drei Waffen relativ häufig: der *kapala*, der *phurbu* und der *drigug*. Der Kapala ist eine aus einem Schädel gefertigte Schale mit Deckel, oft auf einem sorgfältig gearbeiteten Fuß. Er wird sowohl von Asketen bei geheimen, in der Einsamkeit geübten Praktiken verwendet wie in den Klöstern bei Kulthandlungen für die Schutzgottheiten. Im letzteren Fall füllt man ihn mit Bier oder Tee, Ambrosia oder Blut symbolisierend. Sein Gebrauch ist nicht jedermann erlaubt, sondern bedarf einer autorisierten Übertragung; wer sich seiner bedient, muß wohl verstanden haben, daß er an die Vergänglichkeit der Existenz erinnert.

Der *phurbu* oder rituelle Dolch war ursprünglich ein simpler Nagel. Heute ist er ein kleiner Dolch mit dreischneidiger Klinge, meist aus Metall, seltener aus Holz, und mit einem kurzen Griff, oft in Form einer Gottheit oder eines Dordsche. Er ist weit verbreitet, wird für magische Zwecke eingesetzt und ist oft kunstvoll gearbeitet. Der *phurbu* hält schlechte Vibrationen und Krankheiten in Schach, verjagt böse Geister, bekämpft Feinde des Gesetzes und hält sogar die Wolken unter Kontrolle. Der *phurbu* spielt eine wesentliche Rolle in den heiligen Maskentänzen sowie in den Heiligtümern der Schutzgottheiten, wo ihm sogar Altäre zugeeignet sein können. Ringförmig angeordnet, bilden 108 *phurbus* einen schützenden Kreis gegen unheilbringende Einflüsse.

Die dritte Waffe, der *drigug* oder *karttrika*, erinnert an ein halbkreisförmiges Hackbeil mit einem gedrungenen Stiel in der Mitte. Seine scharfe Klinge soll „die Wurzeln des Nichtwissens zerschneiden".

Das Opfermesser: es durchschneidet die Wurzeln des Nichtwissens.
Folgende Doppelseite: Die drei wichtigsten Ritualgegenstände der Tantriker: Menschenschädel, Opfermesser und magischer Dolch

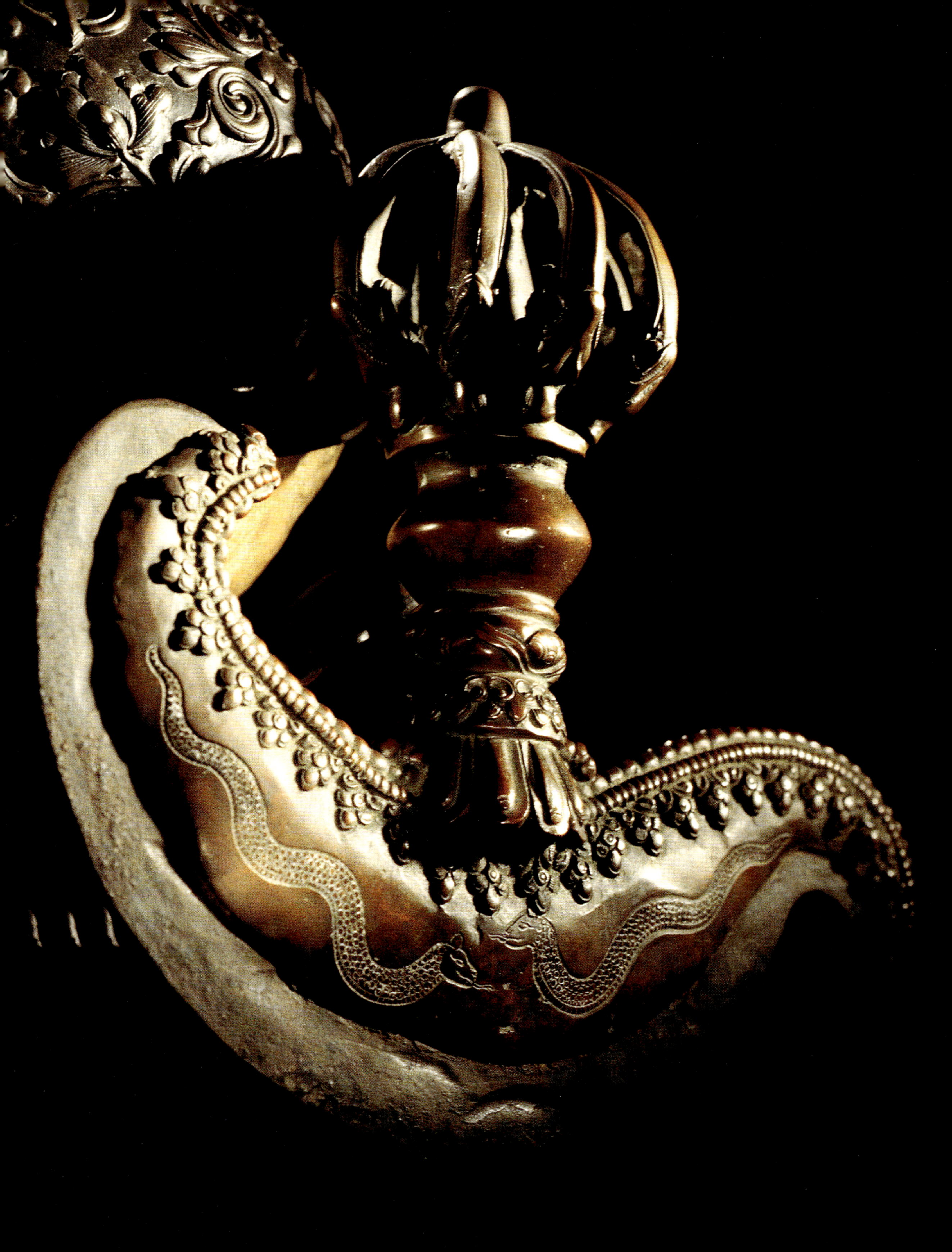

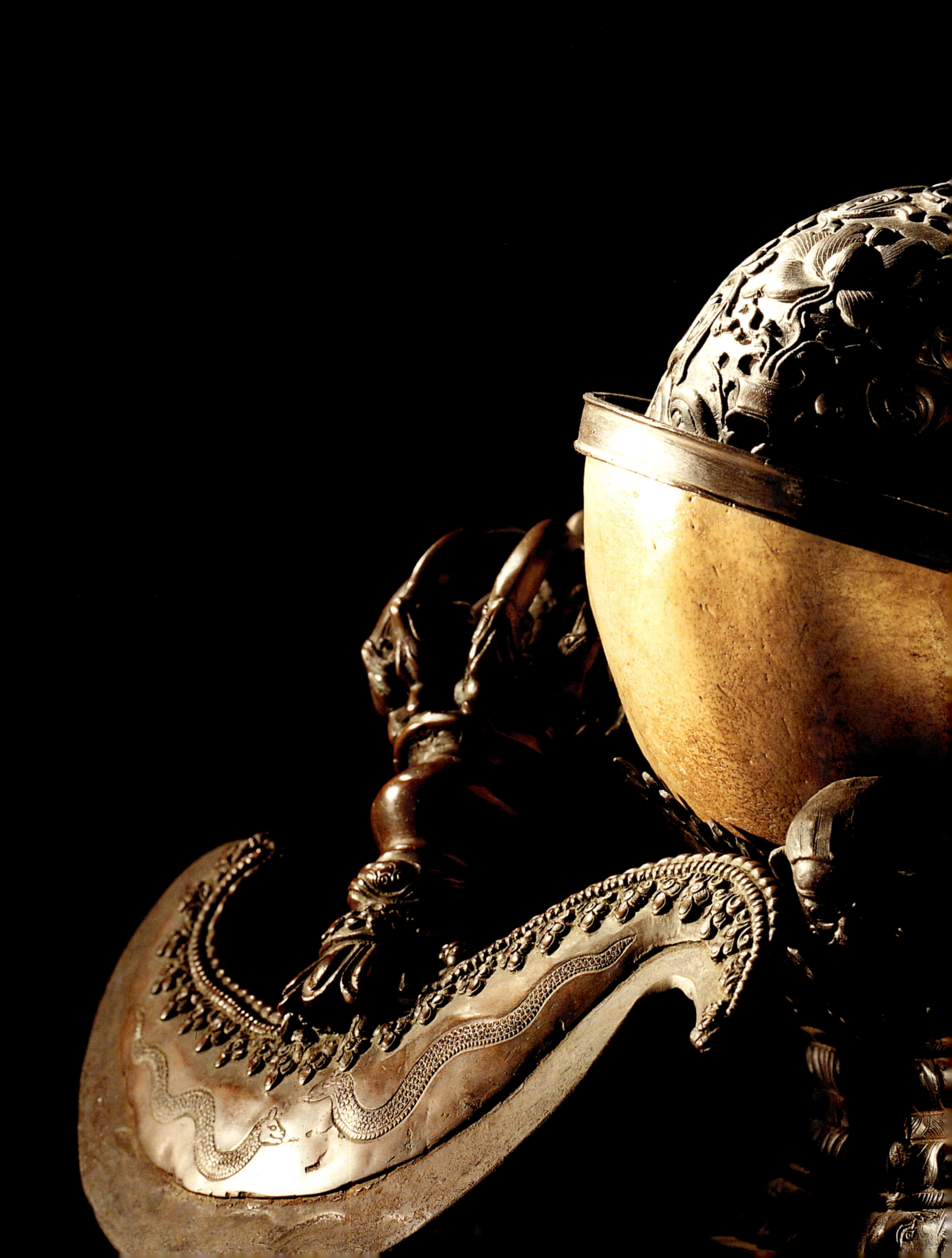

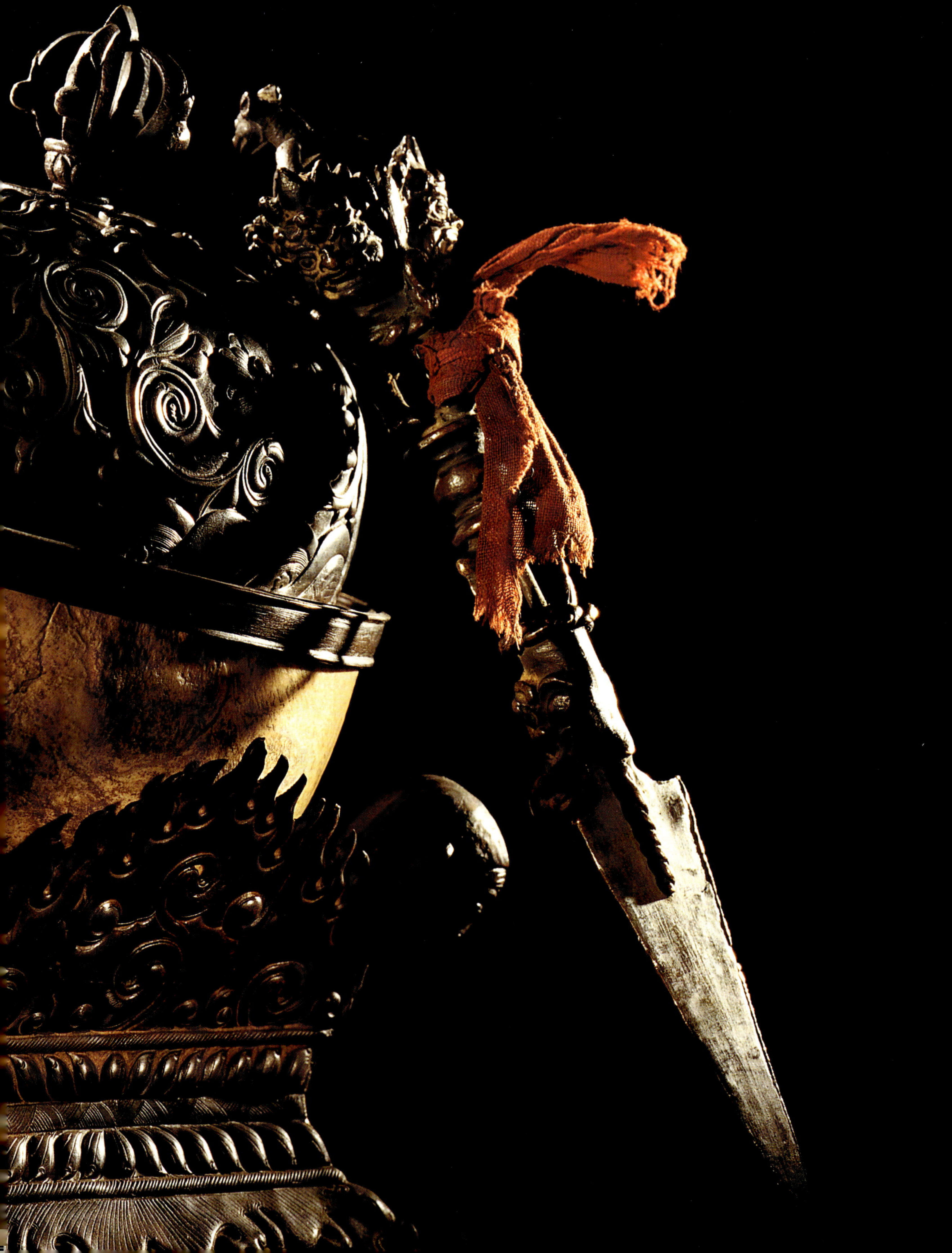

KAPITEL 14

DIE ACHT GLÜCKBRINGENDEN ZEICHEN

DAS GLÜCK HERANZIEHEN UND SICH DES SCHUTZES VERSICHERN

DIESE IM TIBETISCHEN LEBEN ALLGEGENWÄRTIGEN ACHT EMBLEME ODER TASCHI TAKGYÄ FANDEN IHREN URSPRUNG IM wichtigsten Moment des Lebens des historischen Buddha. Es heißt, daß nach der berühmten Nacht unter dem Bodhi-Baum, als der Asketen-Prinz endlich sein Ziel erreichte, sich in der Morgendämmerung Freude und Jubel im ganzen Universum ausbreiteten. Um diesem großen Glück Ausdruck zu geben, eilten die himmlischen Wesen mit einer Myriade an Geschenken für den Erwachten herbei. Durch die Jahrhunderte hat die Erinnerung der Menschen einige dieser Geschenke bewahrt, die als wesentlich betrachtet und zu Symbolen der Verehrung des Buddha wurden.

Diese Symbole entfalten sich in phantasiereicher Fülle: als Schmuckstücke, als Holzschnitte, als Drucke auf Papier oder Pergament oder als einfache Dekoration auf Gegenständen des Kultes oder des Alltags.

Man findet sie bei öffentlichen oder privaten Zusammenkünften, anläßlich wichtiger Zeremonien oder beim Empfang hoher Würdenträger. Es heißt, daß sie Glück bringen, und sie werden daher an Zelten, am Eingang der Klöster und Gebetshallen sowie auf der Schwelle der Häuser angebracht, in Bergesflanken geschnitten oder in Felsbrocken entlang der Straßen geritzt. An Festtagen zeichnet man sie mit weißem oder rotem Pulver auf die Wege der Prozessionen und der Eingeladenen. Manchmal schmücken sie die Mandalas, und die schönsten Kathas zeigen sie in ihre Seide gewebt.

Der kostbare Schirm, Tschattra oder *rintschen dug*, ist Zeichen der königlichen Würde und schützt vor allem Übel. Die zwei Fische aus Gold, Matsya oder *sergyina*, Zeichen des indischen Herrn des Universums, drücken die spirituelle Befreiung aus: sie stellen die aus dem Ozean der Leiden des irdischen Daseins geretteten Wesen dar. Das Gefäß der Lebenswasser, Kalascha oder *bumpa*, enthält die spirituellen Juwelen oder heiliges Wasser, Nektar der Unsterblichkeit. Der Lotos, *padma* oder *peme*, symbolisiert die Reinheit; er ist, in verschiedenen Farben und Formen, vor allem ein Attribut der Buddhas und Bodhisattvas.

Die weiße Tritonsmuschel, Schankha oder *dungkar*, besonders geschätzt, wenn sich ihre Spirale nach rechts dreht, symbolisiert die Rede, die den Ruhm der Erwachten verkündet, und trägt manchmal den Namen der Siegestrompete.

Der unendliche Knoten, Schrivatsa oder *pälbe*, bekundet Liebe oder Ewigkeit und stellt Leben ohne

Handdruck mit kommentierten glückbringenden Zeichen, darunter das Luftpferd, der Schneelöwe und das Siegesbanner

ༀ་མུ་ཁུ་ནི་གསལ་ཕྱུང་དང་འདྲེ་བཞུར། །བདུད་རྩི་བཅུད་དང་འདུད་ཁ་ཕུར་བུ་ཡིས། །ཁྲག་ཁམས་བཅུད་གསུམ་བཟང་པོར་ཕྱུར་ཅིག་ཕུར་བཞུགས་སོ། །

དེ། ཁ་མས་ནི་དཔལ་ལྡན་ཕྱུར་བུ་འདྲེ་བཞིན། །བདག་ཕྱག་བདུད་རྩི་གསལ་བ་འདོད་པ་བཞིན། །ཕྱུར་དང་རྒྱལ་བ་གསལ་མང་དག་ཕྱུར་བུ་ཁ། །བདུད་དང་རྫོགས་པ་འཕྲུལ་མ་བཞུགས་པ་ཅིག་ཏུ། །

ཇོ། ཆུར་བར་བཞུགས་པ་གསལ་ཕྱུང་ནས་བཞུར་བཞིན། །བདུད་ཁྱུར་བཞུར་དང་ཕྱུར་བཞུར་ཕྱུར་དང་བཞུར་ཀྱིས། །གསལ་ཕྱུར་དང་རྒྱལ་བ་ཕྱུར་བཞུར་དག་ཕྱུར་སོ། །མ་བྱུར་མེ་ཡར་བཞུགས་མ་མ་ཕུར་ཏུ། །

དི། བཞུར་ཞིག་གསལ་དཔལ་ཕྱུར་དཔག་བཞུར་ཁྱི་འཕྲུལ། །བཞུར་ཕྱུར་ཕྱུར་དཔལ་ཕྱུར་ཕྱུར་དབང་བཞུར་བཅུར། །བ་གཁུར་བཞུགས་ཀྱིས་གསལ་ཕྱུར་དག་ཕྱུར་ཁུར། །རྒྱལ་ཕྱུ། །གཔ་གསལ་ཕྱུར་དང་ཕྱུར་ཕྱུ། །མ་བྱུར་དྲུག་ཕྱུར་མ་མ་ཕུར་ཏུ། །

དི། ད་དག་ཕྱུར་དྭག་དུ་མའི་གསལ་བ་ཕྱུར་བཞིན། །བདུད་ཀྱིས་བཞུགས་དུར་བཞུར་ཕྱུར་བཞུར་བཞུར་ཕྱུར་བཞུར་བཞུགས། །ཕྱུར་མ་ཕྱུར་བཞུགས་གསལ་བ་ཕྱུར་བཅུ། །ཡུར་བར་ཕྱུར་གསལ་ཕྱུར་བཞུར་ཁུ། །རྒྱལ་བར་ཕྱུར་ཕྱུར་བཞུར་མ་མ་ཕུར་ཏུ། །

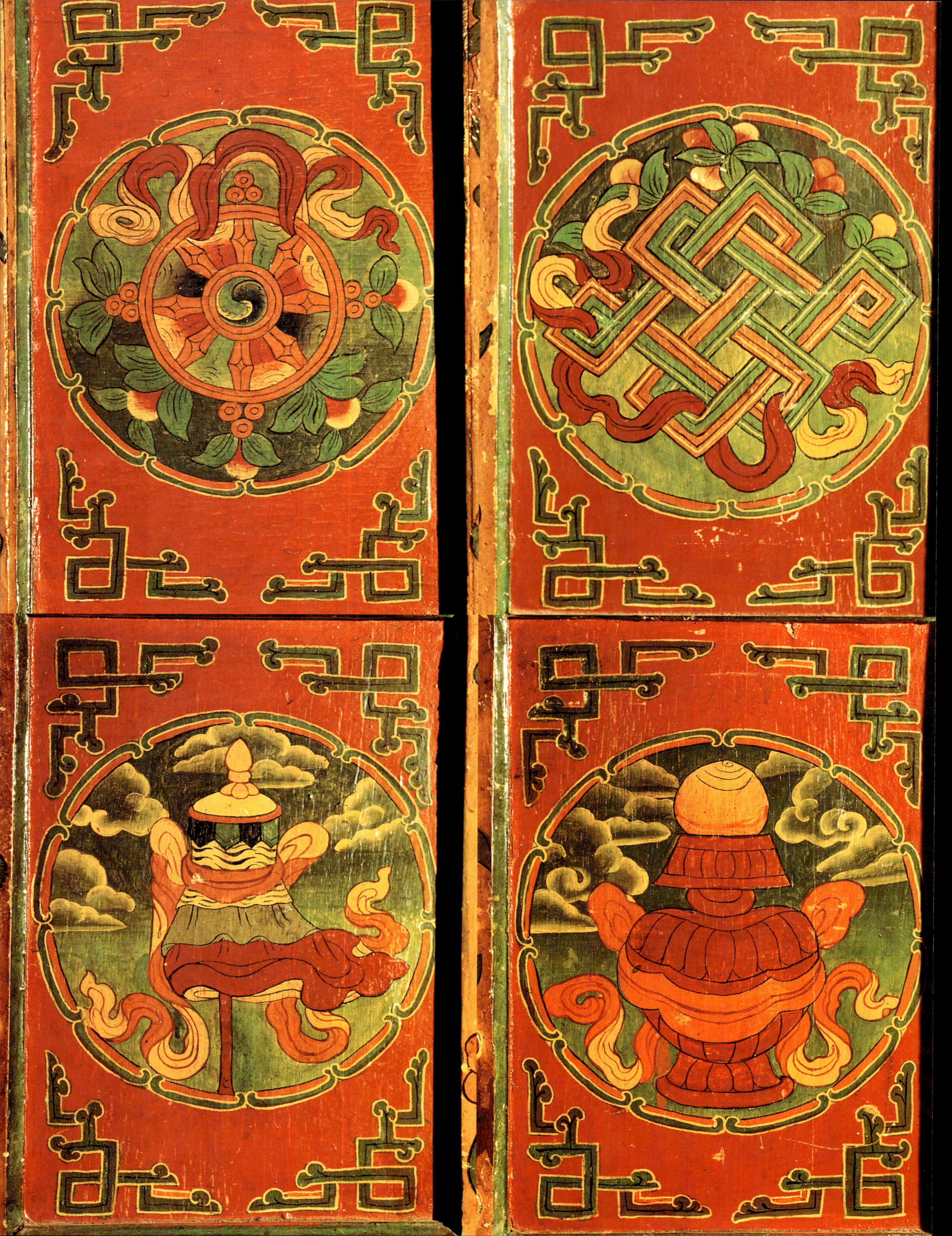

Ende dar. Das große Banner, Dhvadscha oder *gyältsen*, ist eigentlich eine eingerollte Fahne, die die Macht der buddhistischen Lehre darstellt oder den Sieg des wahren Gesetzes.

Das goldene Rad schließlich, Tschakra oder *khorlo*, ist natürlich das der Lehre (*dharma*), das ständig zu üben ist, um zum Erwachen zu gelangen. Es stellt die Einheit aller Dinge dar und bleibt das Symbol der buddhistischen Doktrin par excellence.

In der tibetischen Tradition werden die acht glückbringenden Zeichen oft mit den sieben Juwelen, *saptaratna* oder *rintschen nadun*, verbunden, die die Attribute des Tschakravartin oder Herrn der Welt sind. Ein Weltenherrscher ist gerecht, großherzig und gebildet, Beschützer der Witwen und Waisen, wie alle Prinzen in den Märchen. Seine außerordentlichen Qualitäten wurden logischerweise auf den Buddha übertragen.

Die den Ruhm des Weltenherrschers ausmachenden Dinge sind: natürlich erstens das Rad (Tschakra oder *khorlo*); sodann der kostbare Juwel (*ratna* oder *norbu*), der alle Wünsche erfüllt; Norbu ist auch einer der Namen, den die Gläubigen dem Dalai Lama geben; die wunderbare Königin, Radschni oder *tsünmo*; der beste Minister, *mantrin* oder *lönpo*, der verwaltende Großvasall, ohne den der Weltherrscher keiner wäre; der beste weiße Elefant, *hasti* oder *langpo*, dessen Kraft in den Stunden des Kampfes kostbar ist; das schnellste Pferd, Aschva oder *tamtschog*, das bei festlichen Kämpfen oder an der Spitze der Truppen im Kampf Wunder tut; schließlich der beste Heerführer, *senapati* oder *magpön rintschen*, um das Reich zu schützen. Diesen sieben königlichen Insignien wird manchmal noch eine achte sinnbildliche Person hinzugefügt, die des besten großen Finanzverwalters, *khyimdag*, der gerecht das Geld verwaltet und über das Wohl der Untergebenen des Herrschers wacht.

Die acht äußerst populären und weit verbreiteten glückverheißenden Zeichen und die sieben Juwelen findet man allein oder in Gruppen, das heißt in einer bestimmten Ordnung, jeweils nach Laune oder augenblicklicher Notwendigkeit gruppiert. Anläßlich besonderer Ereignisse, einer Hochzeit etwa, kombiniert man alle acht Glückssymbole zu einer durch all deren Inhalte bedeutungsreichen Komposition, die man *takgyä phüntso* nennt.

Vier der acht glückbringenden Zeichen: das Rad des Dharma, der unendliche Knoten, der königliche Schirm und das Gefäß der Lebenswasser

KAPITEL 15

DIE OPFERGABEN

Heilig oder profan, sie dienen der Verehrung der Gottheit

OPFERN IST, IN DER LITURGIE WIE IN DER MEDITATION, IMMER AUF EINE GOTTHEIT GERICHTET: DEMUT, LOB, GEHORSAM, GEBET, Dank. Es bewirkt eine Art direkte Beziehung und bezeugt Respekt und Hingabe des Gläubigen. Die gebräuchlichsten Opfergaben sind Licht und Wasser: Auf jedem tibetischen Altar brennt immer ein Licht, und nach der Legende hat Padmasambhava, der kostbare Meister selbst, vor mehr als zwölf Jahrhunderten versichert, das Wasser der Hochländer des Himalaya sei so klar, daß seine Reinheit zum Wohlergehen der Götter weitaus genüge.

Das hindert die Gläubigen nicht, andere Gaben hinzufügen: einen Obulus, Weihrauch, Blumen und Früchte, Khatas, aber auch bestimmte Arten von Kuchen, nur für diesen Zweck gebacken. Die *tormas* werden vor Ort, im Hof oder Vorhof des Heiligtums, mit *tsampa* (Gerstenmehl, das Hauptnahrungsmittel der Tibeter) und Butter gemacht. Diese Opferkuchen werden auf den Altar gelegt, um gute Schwingungen in sich aufzunehmen, bevor man nach der Zeremonie wieder unter die Teilnehmer geht.

Die *thsok* genannten festlichen Gaben sind besser verarbeitet, denn sie sind dazu bestimmt, von ihren Herstellern auch konsumiert zu werden, was einmal den Dalai Lama sagen ließ: „Wenn man in Tibet von *thsok* sprach, dachte man an etwas Köstliches zu essen. Wenn es sich um einen Opferkuchen handelte, dachte man, er wäre zum Wegwerfen gut. Das ist falsch. Wenn man Gaben darbringt, gehört es sich, sie so gut wie möglich zu bereiten. Wenn nicht, ist es besser, überhaupt davon abzusehen." Vor kurzem war es noch Brauch, daß sich die Mönche der „Drei Pfeiler Tibets", der drei Klöster Sera, Drepung und Ganden, im zweiten Monat des lunaren Jahres (März) zu einer großen Versammlung für ein Opferfest in Lhasa einfanden.

Bei bestimmten Zeremonien kann das Opfer aus 108 Lampen, 108 Reiskugeln, 108 Opferkuchen, 108 Teeziegeln bestehen. Wesentlich daran ist, diese heilige Zahl des tibetischen Buddhismus einzuhalten. Früher fertigte man für außerordentliche Festlichkeiten erstaunliche, reich verzierte Skulpturen aus Butter als Opfergabe, die der Stolz ihrer Schöpfer und Gegenstand der Bewunderung der Betrachter waren. In der Meditation ist es auch möglich, sich selbst, Körper, Rede und Geist, der Gottheit als Opfer darzubringen.

Opfergaben: vorne Schalen mit klarem Wasser, dahinter Butterlampen, lange Räucherstäbe und Opferkuchen

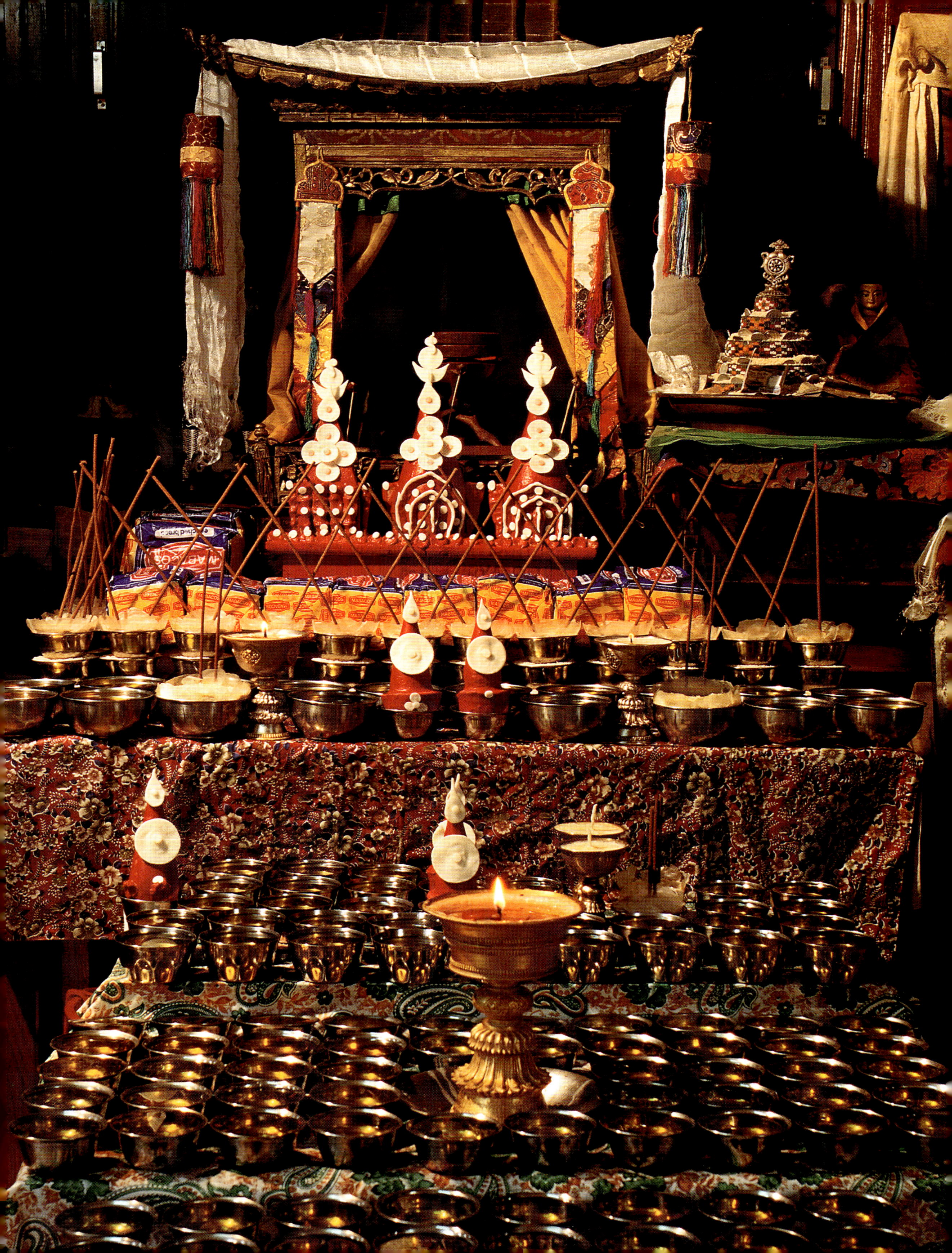

KAPITEL 16

DIE SCHRIFT UND DIE TEXTE

TRESORE, UM DIE ERINNERUNG ZU BEWAHREN

DIE SCHRIFT KAM AUFGRUND KÖNIGLICHEN WILLENS IN DAS HOCHLAND – IN DER ABSICHT, UNTERRICHTET ZU SEIN UND ZU UNTERrichten: Diese außergewöhnliche Tatsache verdient, erzählt zu werden. Es war zur Zeit des großen Königs Songtsen Gampo aus der Yarlung-Dynastie, die als erste mehrere Fürstentümer zu einem gefürchteten Reich vereinigte. Die Geschichte räumt ihm nicht nur ein, daß er die Hauptstadt aus seinem Tal Tsetang nach Lhasa verlegte, sondern auch, daß er eine große Familie hatte, da zu seinen drei tibetischen Gattinnen noch zwei von weither kamen, aus Nepal und aus China. Gewiß, diese beiden fremden Schönen waren Unterpfand von Bündnissen mit Nachbarn, die über die militärische Macht eines erobernden Herrschers beunruhigt waren, doch war es der Einfluß dieser zwei Frauen, der den Monarchen die Lehre des Buddha annehmen ließ, und seit damals ist das wahre Gesetz bestimmend für die tibetische Kultur geblieben.

Um das Jahr 640 n. Chr. hielt es der König für notwendig, die Lehren, die die Wandermönche und missionarischen Pilger seit einiger Zeit über Berge und Täler aussäten, aufzuzeichnen. Aber die Tibeter, und darin hatte der Monarch seinen Untergebenen nichts voraus, hatten sich bis jetzt kaum um geistige Dinge gekümmert und entbehren namentlich eines Mittels, sich schriftlich auszudrücken.

Daher beschloß Songtsen Gampo, eine Gruppe junger Leute nach Indien, dem Land des Buddha, zu schicken mit dem ausdrücklichen Auftrag, dort zu studieren und mit all dem wiederzukehren, was der königliche Wille forderte. Unter diesen war Thönmi Sambhota, der Minister. Aber es war keine Vergnügungsreise. Die Sendboten, die tapfer nach Kaschmir reisten, in die glänzende Heimat buddhistischen Denkens, erlagen alle Krankheiten oder Unglücksfällen, ausgenommen Thönmi Sambhota. Er studierte fleißig und kehrte mit genügend Wissen zurück, um ein, durch das Sanskrit inspiriertes, Alphabet auszuarbeiten und eine Grammatik, die den Besonderheiten der tibetischen Sprache Rechnung trug. Beide gelten heute noch und erlauben, die Entwicklung der religiösen Tradition zu verfolgen.

Das tibetische Alphabet umfaßt dreißig Konsonanten und vier Vokalzeichen. Obwohl sich die Sprache je nach Alter und Gegend ändert, hat sich das klassische, geschriebene Tibetisch kaum gewandelt. Es gibt Druckbuchstaben, vor allem

Eine Seite eines im Holzschnittdruckverfahren gedruckten Buches Seite 64: Heilige, in Stoffe gewickelte Texte, gestapelt in der Bibliothek eines Klosters.

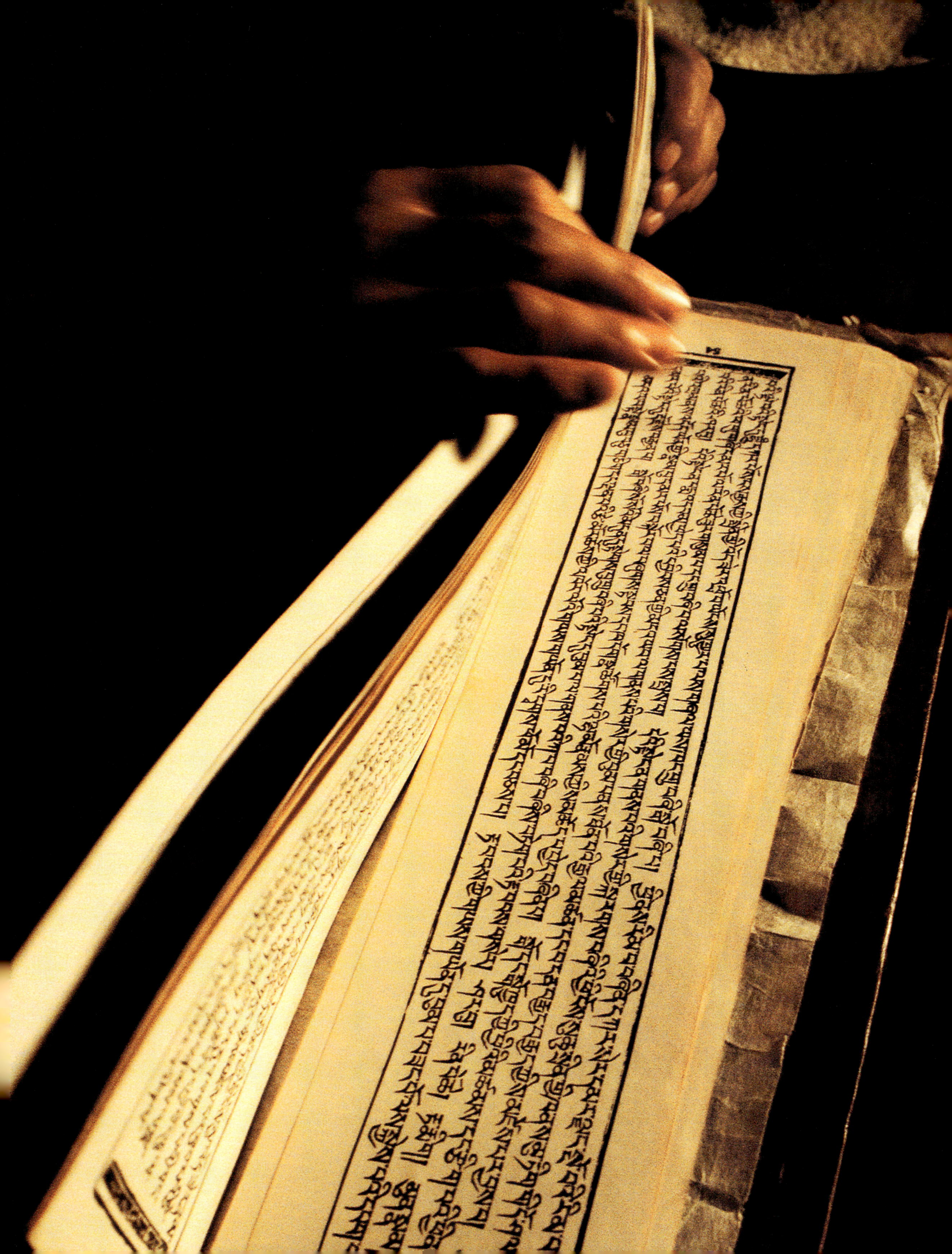

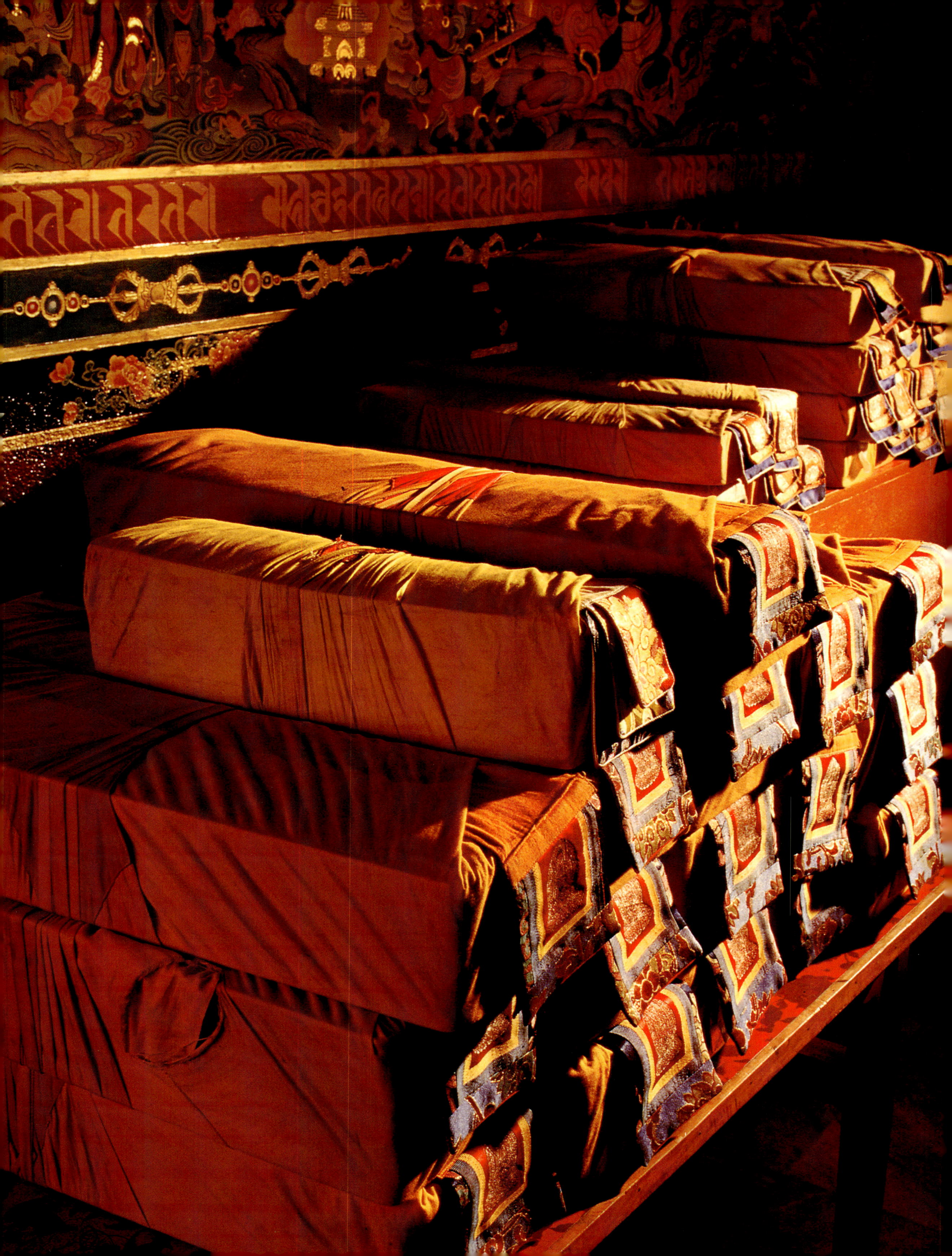

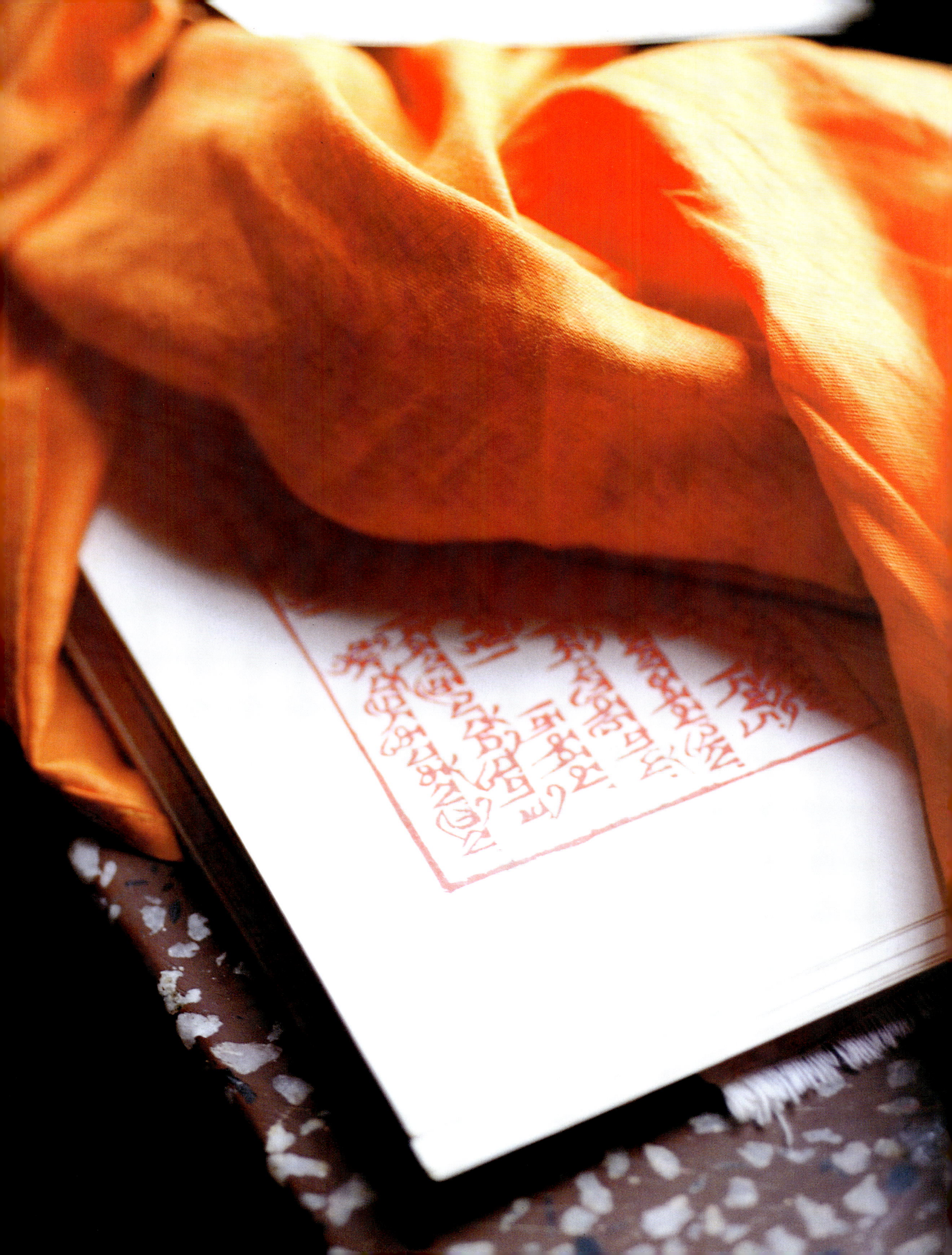

DIE SCHRIFT UND DIE TEXTE

für religiöse Handschriften und im Buchdruck (Holzschnittdruck) verwendet, und die kursive Umschrift.

Aufgrund dieser neuen Mittel, vermehrt um die Formel einer unverwischbaren Druckerschwärze, ebenfalls aus Kaschmir, erfuhr Tibet eine Periode des intellektuellen Aufschwunges. Indische Pandits wurden eingeladen zu lehren. Sie wurden von tibetischen Meistern und Gelehrten sowie von tibetischen Schülern unterstützt. Hervorragende Übersetzer waren durch Jahre und Jahrhunderte beschäftigt, die unter Mühen aus Indien herbeigeschafften Texte zu erklären, zu interpretieren und zu kommentieren. Jedes Kloster hatte seine eigene Bibliothek, und viele weise Asketen ließen aus einer einzigen Idee zahlreiche Strömungen entstehen.

Im Verlauf von etwa sechs Jahrhunderten ununterbrochener und beispielhafter Anstrengung wurden zwei Textsammlungen aus dem Sanskrit übersetzt, die die Basis der religiösen Literatur bilden: Der Kandschur, mit acht Bänden, besteht aus den Lehren des historischen Buddha, wie sie von den Schülern gesammelt wurden, während der Tandschur, mit 227 Bänden, die Kommentare zu diesen Grundtexten bildet. Sie wurden auf einzelnen Blättern sorgfältig von Schreibern kopiert, die Blätter zwischen zwei Deckel gelegt, in eine schützende Stoffhülle gewickelt, in Hunderten von Fächern gestapelt und wie Statuen oder heilige Objekte gehütet. Die kostbarsten Kopien wurden mit goldener Tusche geschrieben.

Der Wahnsinn der Kulturrevolution im 20. Jahrhundert brachte es fertig, den größten Teil dieses Kulturgutes der Menschheit zu zerstreuen, zu verbrennen und zu vernichten. Dieser Verlust ist umso tragischer, als viele alte buddhistische Abhandlungen schon früher, vor allem in Indien und China, durch die lokalen Wirren verschwunden waren. Die tibetischen Übersetzungen blieben oft die letzten Zeugen einer Weisheit, die durch den Irrsinn der Menschen bedroht ist. Heute finden sie sich in den Kellern russischer Museen, in Verstecken alter entheiligter Orte der Mongolei, als Souvenirs bei emigrierten Familien oder in den Tiefen europäischer und amerikanischer Bibliotheken – wiederentdeckt und gerettet durch furchtlose Forscher, dem Staub der Jahre, wenn nicht dem Vergessen entrissen.

Es war glücklicherweise infolge der klösterlichen Regel, die alten Texte auswendig zu lernen, möglich, diese für die kommenden Generationen zu retten, indem man sie sorgfältig mit Hilfe jener, die die Kenntnisse einer anderen Zeit bewahren, aufzeichnete.

Seit ein Teil der Tibeter den Weg ins Exil nehmen mußte, werden selbst Volkslieder und traditionelle Epen, die einer lebendigen, mündlichen, nie unterbrochenen Tradition angehören, gesammelt und aufgezeichnet, auf daß diese bedrohten Wurzeln eines Tages erneut Früchte tragen mögen.

Die wertvollsten und wichtigsten Texte wurden mit goldener Tinte geschrieben.
Seite 65: Eine Seite eines klassischen Textes

༄༅། །བསྟོད་པ་གསུངས། །པདྨ་འབྱུང་གནས་ཀྱི...

༣༠། །མཛེས་པས་སེམས་ནས་བསྒྲུབས་པའི།...
པདྨ་ཀྱུན་གྱིས་བསྒྲུབས་པ་ཞིག...

...བདག་ལ་ཚོགས་ཀུན་བསྒྲུབས་པར་...
...དང་དངོས་གྲུབ་ལ་...
...དཔལ་གྱི་བསྒྲུབས་པའི་སྒོ་ནས་...ཅིག །བདག་འདིར་ཡུན་དུ་བསྐུལ་བས །...
...དབང་འབྱུང་གནས་ལྕོགས་ནས་སྒྲུབས་...དབང་ཕྱུག །བདེ་བ་ཆེན་པོ་བསམ་...
...བདག་གིས་ཞབས་ལ་བཏུད་...བསྲུང་...
...འོད་གསལ་བ་འཛིན་པ། །བདག་...
...དབང་གིས་གནང་བས་འདི་...

ཁྱེད་ལས་འཆོབ་པ་ཀུན་...འདོན་པར་ཤོག །
བར་ཆད་འཇོམས་པའི་...ནི། །གསང་སྔགས...

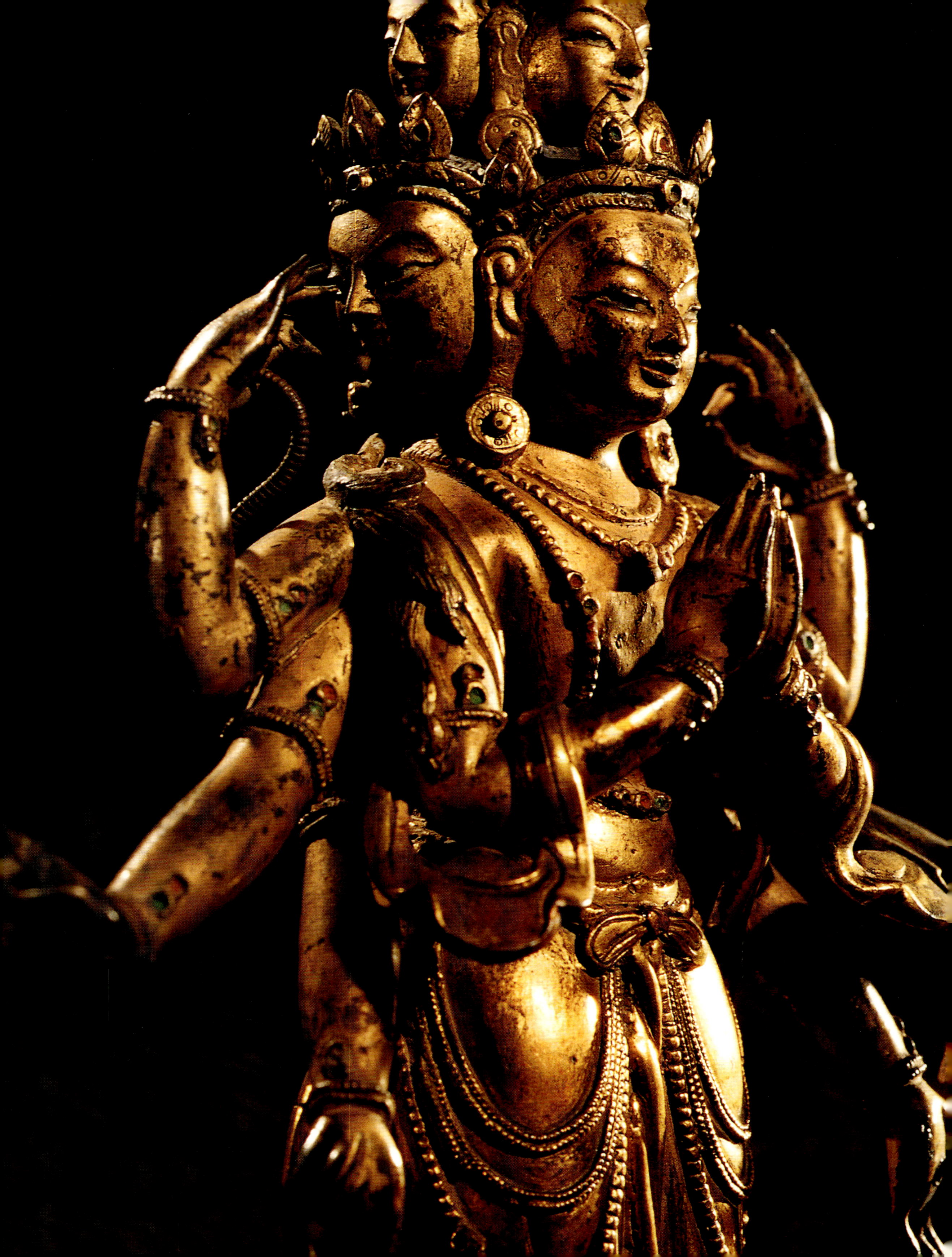

KAPITEL 17

DIE MUDRAS

ZEICHEN, UM UNNENNBARE KRÄFTE ZUM AUSDRUCK ZU BRINGEN

DAS WORT SELBST BEDEUTET „SIEGEL" ODER „ZEICHEN", WAS DIE ABSICHT ZU VERBERGEN UND ZU MANIFESTIEREN OFFENBART, ODER anders, durch andere Mittel als Worte zu „übersetzen". In Summe eine Art Alphabet für die Augen, das erlaubt, jenseits von Worten ins Wesentliche zu gehen. Auch die Mudras sind hinduistisches Erbe, aber die Interpretation variiert mit den Breitengraden, und wie oft im weiten Feld des Buddhismus hat die tibetische Variante ihre Besonderheiten. Diese heiligen Gesten blühten üppig in den Schulen des Großen Fahrzeugs, die des Kleinen Fahrzeugs beschränkten sich auf solche, die die „Momente" des Lebens des Erwachten charakterisieren.

Aus einer Myriade von Gesten ist einigen Vorrang zu geben, da sie sofort die Bestimmung einer Darstellung erlauben. Sie werden auch in den Riten verwendet. Am weitesten verbreitet ist die Andschali-Mudra: die aneinandergelegten Handflächen werden in Höhe der Brust gehalten. Sie ist Gruß und Verehrung zugleich und kennzeichnet Betende wie bestimmte kleinere Gottheiten. Aber heute ist sie vor allem die alltägliche Geste des Grußes in Indien wie in Thailand, Burma oder Tibet.

Gesten, die ohne Worte Sinn vermitteln.

Den Erwachten verehrt man gewöhnlich, indem die aneinandergelegten Hände zum Kopf gehoben werden, den man zugleich neigt. Die Interpretation weist auf die Wahre Natur aller Dinge, eine zentrale Vorstellung des Mahayana, auf die Verwirklichung des Erwachens, das Objekt und Subjekt aufhebt.

Überall bekannt ist auch die Dhyana-Mudra: die übereinandergelegten Hände ruhen im Schoß des Meditierenden, Handflächen nach oben, Mittelfinger und Daumen bilden je ein Dreieck. Dies ist das Zeichen für Meditation, Konzentration auf den Dharma. Es symbolisiert das Erwachen, jenen angestrebten Augenblick, in dem die Gegensätze transzendiert werden und sich der Zugang zur Allwissenheit öffnet. Trägt die Gestalt zusätzlich eine Schale, stellt sie für die Tibeter den Buddha der Medizin dar.

‚Die Erde als Zeugin anrufen': im Lotossitz die linke Hand auf dem Knie, die rechte nach innen gedreht herabhängend, die Erde berührend – dies ist die im ganzen buddhistischen Raum verbreitete Bhumisparschamudra, die Geste des Schakyamuni in der Morgendämmerung des Erwachens: die Erde bezeugt seine spirituelle Vollendung. Speziell zeigt sie auch eine unerschütterliche Festigkeit an, wie sie durch Buddha

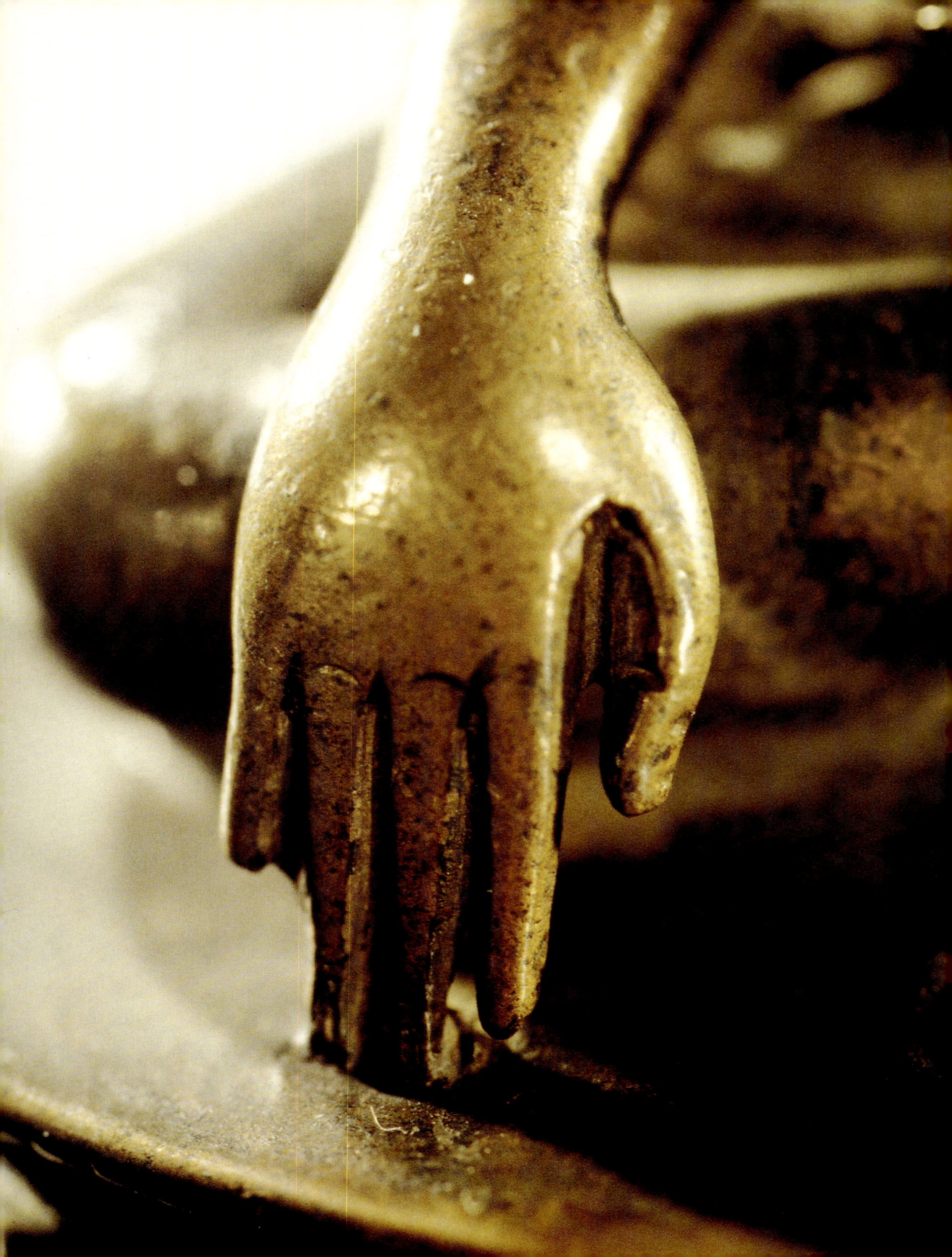

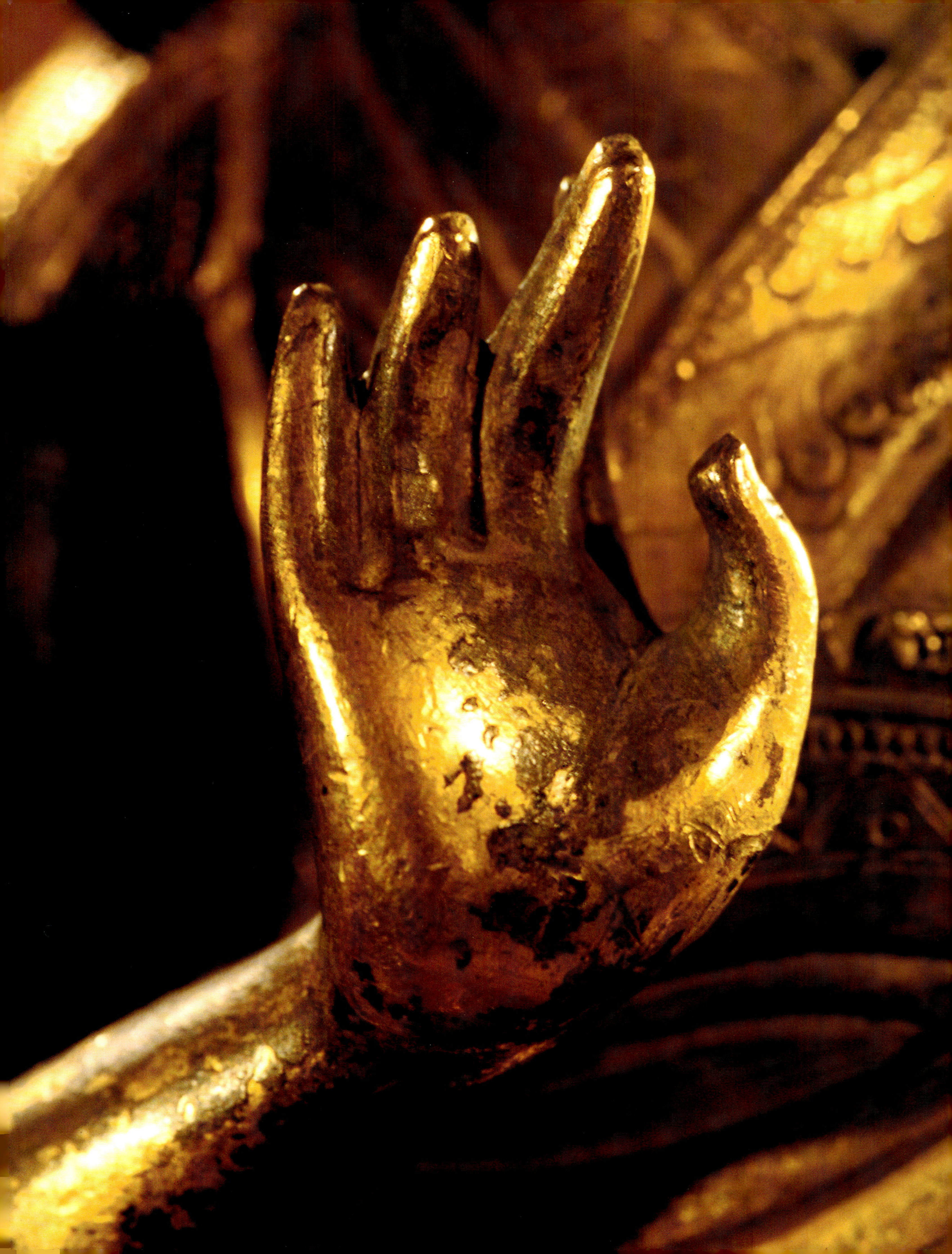

DIE MUDRAS

Akschobhya und den historischen Buddha für alle Zeiten personifiziert wurde.

Beide Hände vor der Brust, Daumen und Zeigefinger bilden je einen Kreis, die Rechte nach außen gekehrt, die Linke nach oben oder nach innen – dies symbolisiert den Dharmatschakra, d. h. das in Bewegung Setzen des Rades des Gesetzes. Natürlich ist diese, im Mahayana sehr gebräuchliche Mudra für den Schakyamuni charakteristisch, aber auch für Maitreya, den zukünftigen Buddha, manchmal für Amitabha, den Buddha des unendlichen Lichtes.

Die Geste der Vitarka-Mudra ist die des Lehrens oder Erklärens: die Rechte erhoben, die Linke zeigt nach unten, beide Handflächen nach außen, Daumen und Zeigefinger bilden einen Kreis und weisen so auf die Vollkommenheit des Gesetzes des Buddha hin. In Tibet kennzeichnet diese Mudra die Tara und die Bodhisattvas.

Die gewöhnlich rechte, bis zur Schulter erhobene, flache Hand, Handfläche nach außen, oder beide Hände erhoben – diese Geste bietet Schutz und Wohlwollen, zeigt das Fehlen von Furcht an: das ist die Abhaya-Mudra, die erste Geste des Schakyamuni gleich nach dem Erwachen. Man findet sie vor allem bei den stehenden oder gehenden Buddhas, besonders in den üblichen Darstellungen Südostasiens. Aber es ist auch eine Geste der schützenden Macht oder Besänftigung, die darauf hinweist, daß man sich von der Angst befreien muß, um auf dem Weg der Erkenntnis voranschreiten zu können. Amoghasiddhi, einer der fünf Großen Buddhas, wird oft so dargestellt.

Die Varada-Mudra bedeutet Empfangen, Geschenk, Freigebigkeit, Mitleid: die rechte flache Hand nach außen gedreht und nach unten zeigend. Diese Geste kommt oft zusammen mit der Abhaya-Mudra des Schutzes und der Heiterkeit vor. Sie symbolisiert den Willen, sich den Menschen zu weihen und ihre Leiden zu erleichtern, damit sie sich zum Erwachen entfalten können, und wird als wünscheerfüllendes Zeichen betrachtet.

Die buddhistische Ikonographie kennt zahlreiche Varianten der Mudras. Gewöhnlich sind sie mit der Rezitation von Mantren verbunden und führen bei rituellen Übungen zu bestimmten geistigen Zuständen, die auf dem Weg der inneren Suche voranschreiten lassen. Die esoterischen Schulen machen davon reichen Gebrauch, gewöhnlich genau geregelt im Zusammenhang mit einem bestimmten Buddha oder einer besonderen Energie, die man sich bei der Verfolgung eines bestimmten Zieles dienstbar macht. Gewisse Mudras sind mit größter Vorsicht zu verwenden, vor allem jene, die mit Sühneopfern an zürnende oder furchterregende Gottheiten verbunden sind, deren schreckliche Kräfte nicht zu Unrecht angerufen werden dürfen oder von Suchern nach dem Absoluten, die sie nicht beherrschen können.

Geste des Schutzes gegen alle Furcht
Vorhergehende Doppelseite: Buddha ruft die Erde als Zeugin an.

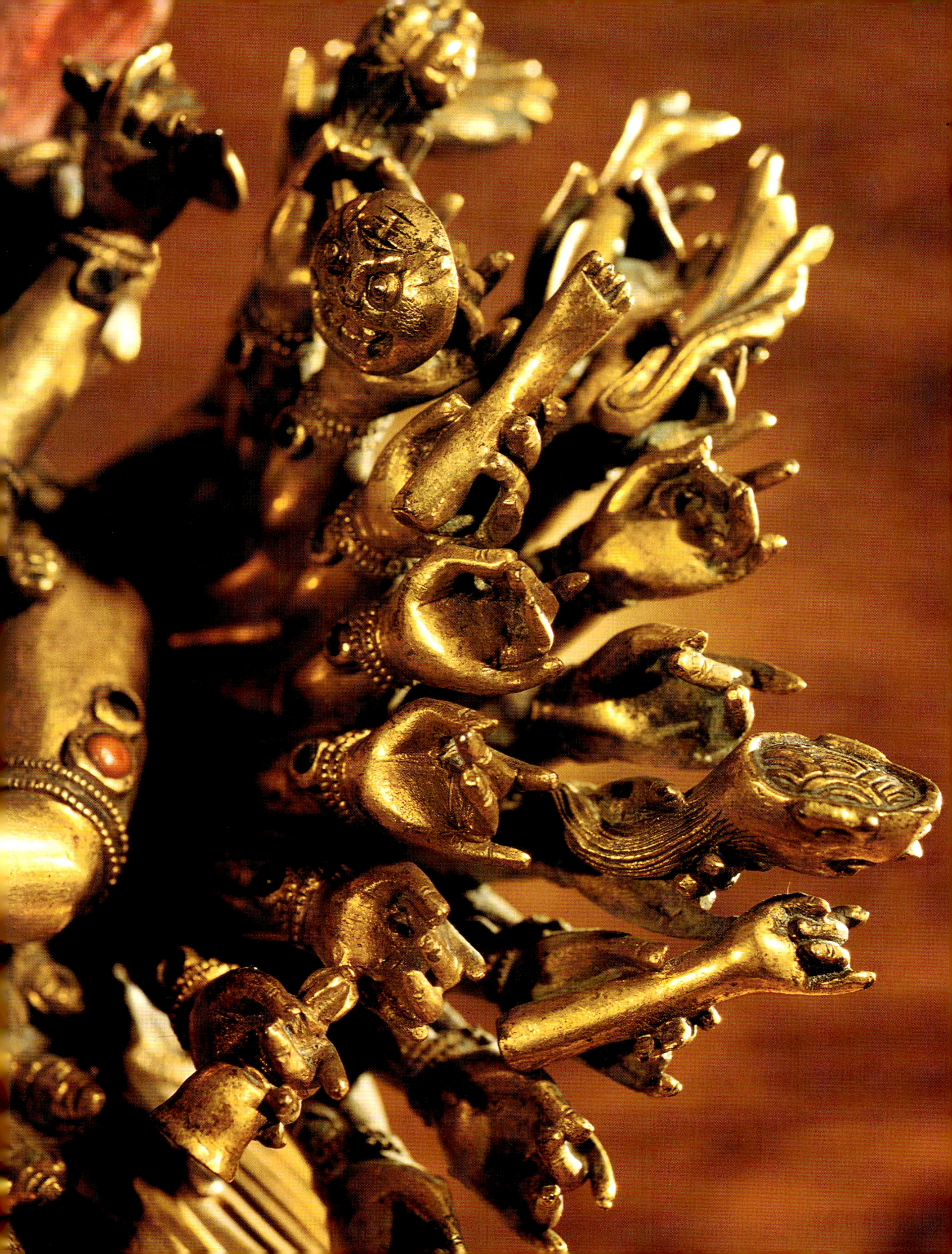

KAPITEL 18

DAS GROSSE GEBET

Mönlam Tschenmo
Die jährliche Bitte um Wohlergehen für alle Wesen

DIESE ZEREMONIE IST AN DIE FEIERLICHKEITEN ZUM NEUEN JAHR GEBUNDEN. DER TRADITION NACH HAT SIE DER REFORMATOR TSONG-KHAPA eingeführt, der geistige Vater der Gelugpa (Gelbkappen oder genauer „die, die den Weg der Tugend gehen"), der jüngsten Schule des tibetischen Buddhismus. Mit der etwas später beginnenden Linie der Dalai Lamas, die sich vor allem auf deren Lehren gründete, kam dieser reformierte Zweig an die Macht; seitdem gelten die drei großen, auf Anregung des Dsche Tsongkhapa gegründeten Klöster nahe von Lhasa – Ganden, Sera und Drepung – als die „drei Pfeiler von Tibet".

Schon immer und wie überall auf der Welt war das Neue Jahr Vorwand für Festlichkeiten und Schmausereien und, in Tibet, für Wettkämpfe. Die Tibeter lassen sich selten einen Spaß verderben und in ihrem kindlichen Naturell kein Vergnügen entgehen. Auch die von den Klöstern veranstalteten Feste bieten ein buntes Treiben. Zwei, drei Tage lang werden Epen rezitiert und heilige Tänze aufgeführt, darauf folgen nicht weniger geschätzte profane Vergnügungen.

Der Brauch will es, daß am Vorabend des Neuen Jahres das Haus in Ordnung gebracht wird, um böse Geister und schlechte Einflüsse zu vertreiben, die durch Fehler und negative Handlungen im Lauf des Jahres hereingekommen waren. Auch die Nomaden reinigen ihre Zelte, und ganze Familien machen sich auf die Pilgerreise zu Klöstern oder Heiligtümern nah und fern, um für die kommenden Monate sicheren Schutz zu erwerben. In Lhasa war es Brauch, daß ein Sündenbock, gewöhnlich ein Vagabund oder irgendein armer Teufel, mit allen Übeln beladen und unter großem Aufwand feierlich aus den Mauern geführt wurde, begleitet von Trommelwirbeln und schriller Musik, um alle Gefahren abzuwehren.

Dies war auch die Zeit, in der die Schlüssel der Stadt in die kirchlichen Hände zurückgelegt wurden. Während der ganzen Dauer der Zeremonien und Festivitäten sicherten die Mönche Gesetz und Ordnung in der „Stadt des Göttlichen". Die Dobdob kamen nun zu Ehren, diese Wächter und Experten in martialischen Waffen. In der übrigen Zeit ist es ihr Amt, die Disziplin im täglichen Leben des Klosters aufrechtzuerhalten. Ungefähr drei Wochen des ersten Monats des lunaren Jahres (das, nach dem Gregorianischen Kalender, mit dem Neumond im Februar beginnt) waren diesen gemeinschaftlichen Aktivitäten geweiht. Der 15. Tag dieses Monats ist durch eine öffentliche Belehrung

Der Protagonist beim rituellen Tanz des Mönlam Tschenmo.

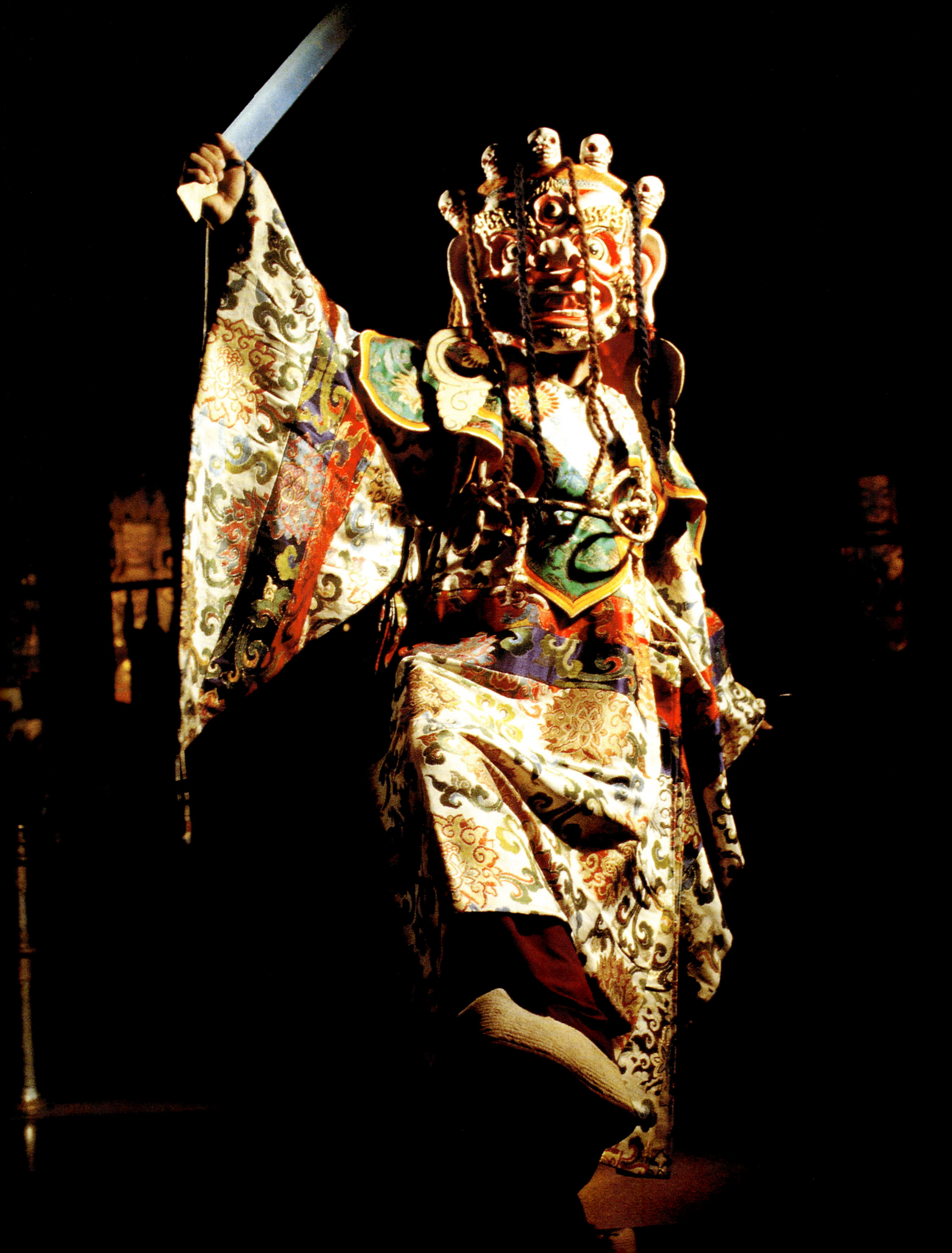

DAS GROSSE GEBET

des Dalai Lama gekennzeichnet. Dreimal am Tag wurden spezielle Riten im Dschokhang, dem größten Heiligtum Tibets, vollzogen. Dort steht, im Heiligtum der Heiligtümer, seit dem 7. Jahrhundert kostbar gehütet, die Statue des Dschobo, ein Bild des Schakyamuni, das von der chinesischen Gattin des großen Königs Songtsen Gampo mitgebracht worden war. Zehntausende Mönche nahmen an dieser Zeremonie teil, und in diesen Tagen, in denen Sammlung und Zerstreuung abwechselten, wuchs die Bevölkerung von Lhasa um das dreifache an und konnte, wenn man den historischen Dokumenten glauben darf, bis zu hunderttausend Menschen aufnehmen.

Diese Tradition wird im Exil peinlich genau weitergeführt: Tibeter und Neobuddhisten tibetischer Richtungen drängen sich zu diesem Anlaß jedes Jahr in Dharmsala in Himal Pradesch in Indien, wo das spirituelle Haupt residiert und eine Exilregierung herrscht, die bemüht ist, über die Interessen einer kleinen, hauptsächlich in Indien lebenden, aber auch in anderen Ländern verstreuten Gemeinschaft zu wachen. Für viele ist dies eine Möglichkeit, wieder Kräfte zu schöpfen durch die Bestätigung des gemeinschaftlichen Zusammenhaltes, der sie immer wieder anziehen wird, und für alle bedeutet es Teilhaben an kostbaren Augenblicken, an etwas, das man eine Kommunion nennen könnte. In diesen, jedesmal wieder außergewöhnlichen Tagen vermengt sich das Religiöse mit dem Profanen, was ihnen die besondere Färbung verleiht.

Die Zeremonie des Mönlam Tschenmo wird durch Inbrunst geprägt. Das große Gebet für das Wohlergehen aller Wesen, um 1408 eingerichtet, faßt sehr gut die Hauptidee des Mahayana zusammen und das Ideal derer, die auf diesem Pfad wandeln. Auch dieses Fest versammelte die meisten Menschen in der „Stadt des Göttlichen". Und so ist es geblieben, mit Ausnahme einer Periode von zwanzig Jahren, als die Zeremonie schlicht von der chinesischen Besatzung verboten worden war.

Seit den achtziger Jahren wird sie wieder zelebriert, hat aber nicht mehr den früheren Glanz, einerseits wegen der Abwesenheit des Dalai Lama, andererseits wegen der Überwachung, selbst in der Zeit, als sie vom Pantschen Lama durchgeführt wurde, dem von Peking erlaubt worden war, einige Tage bei den Seinen zu verbringen.

Ausgerechnet während der Vorbereitungen zu diesem Ritual ist das zweite Oberhaupt des tibetischen Buddhismus 1989 unter Umständen, die zahlreiche Tibeter als zweifelhaft erachten, gestorben. Die Kraftprobe von 1995 zwischen dem Dalai Lama und der chinesischen Regierung bezüglich dessen Nachfolge läßt die Zukunft, wie die Linie der Pantschen Lamas, im Ungewissen schweben, ebenso das Große Gebet, das Generationen von Tibetern in Tibet gekannt und praktiziert haben.

Maske des rituellen Tanzes

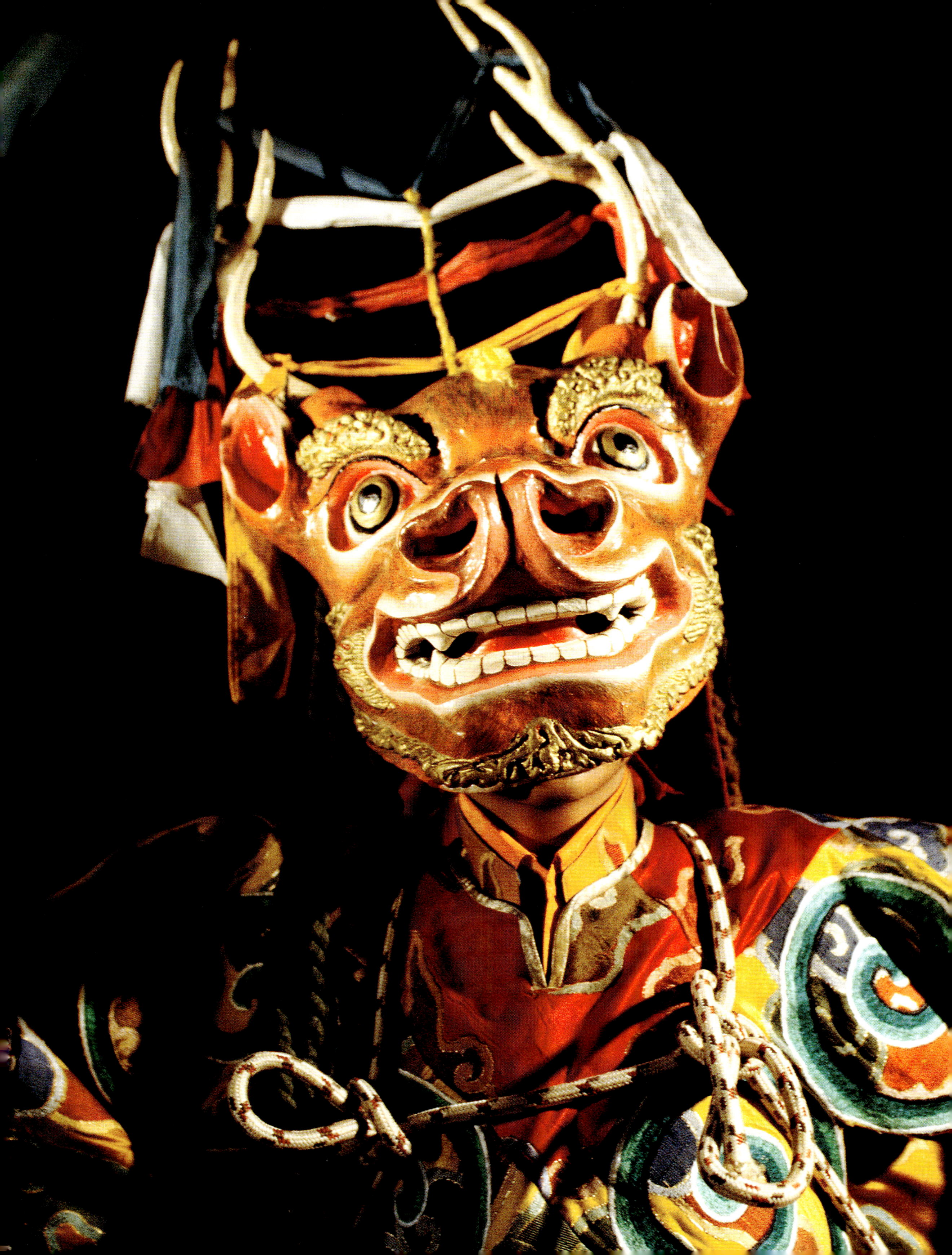

KAPITEL 19

Die Meister des Wissens

VON DER MAGIE ZUR PHILOSOPHIE,
DER WEG DES WISSENS ZUR ERKENNTNIS

AUCH WENN NICHT ALLES MIT PADMASAMBHAVA BEGONNEN HAT, SO BLEIBT ER IN TIBET DENNOCH DIE GRÜNDERGESTALT DES Buddhismus. Der große Weise folgte auf Drängen des Philosophen Schantarakschita dem Ruf von Trisong Detsen, um auf dem Hochplateau die Gegenkräfte zu befrieden, die das Erstarken des wahren Gesetzes verhinderten. Geboren in dem halbmythischen Königreich Orgyen, das einige im Nordosten von Kaschmir, andere an der Grenze Bengalens ansiedeln, ist seine tatsächliche Existenz erwiesen, auch wenn die Legende sie im Laufe der Zeit verklärte. Guru Rimpotsche, wie man ihn heute noch im ganzen Himalayagebiet nennt, war in vieler Hinsicht ein „Kostbarer Lehrer".

Seit König Songtsen Gampo die Lehre des Buddha angenommen hatte, war diese vorangeschritten, kam dann aber durch den Widerstand der Anhänger des Bön-Glaubens und durch die anhaltende Macht der schamanischen Gottheiten ins Stocken. Gegen 760 beschloß Trisong Detsen, der Enkel des Songtsen Gampo, das erste tibetische Kloster in Samye, nicht weit von Lhasa, zu errichten, damit Schantarakschita, der große indische Gelehrte, die ersten einheimischen Mönche weihen könne. Die Bauarbeiten machten aber keinen Fortschritt, denn was die Menschen am Tage bauten, zerstörten nachts die Dämonen. Schantarakschita gestand ein, daß Erkenntnis und Gelehrsamkeit nicht genügten, um unheilvollen Einflüssen ein Ende zu bereiten, und riet dem Monarchen, Padmasambhava, „Den aus dem Lotos Geborenen", zu rufen, dessen Reputation als Yogi und als Meister der Tantras weit verbreitet war.

Höchste Weisheit mit ungewöhnlichen Kräften harmonisch verbindend, brachte Padmasambhava bald die Gegner der Lehre zum Gehorsam und machte diese sogar zu den schützenden Wächtern des buddhistischen Gesetzes, das er ohne Unterlaß bis an sein Lebensende in Tibet lehrte.

Er wird von den Anhängern der Nyingmapa, der Schule der „Alten", verehrt. Seine Adepten haben im Lauf der Jahrhunderte bedeutende *termas* (versteckte Schätze an Texten) gefunden, die er sorgfältig hier und dort verteilt hatte, in der Erwartung, daß die Zeiten reifen und die Texte dann verstanden würden. Padmasambhava wird die Prophezeiung zahlreicher Ereignisse, die später eingetroffen sind, zugeschrieben.

Gewöhnlich wird Padmasambhava im Lotossitz dargestellt, in der Rechten einen Dordsche, in seinem Schoß die Linke mit Bettel- oder Ritual-

Padmasambhava: eine der wichtigsten Persönlichkeiten des tibetischen Buddhismus (Bronze, 18./19. Jh.)

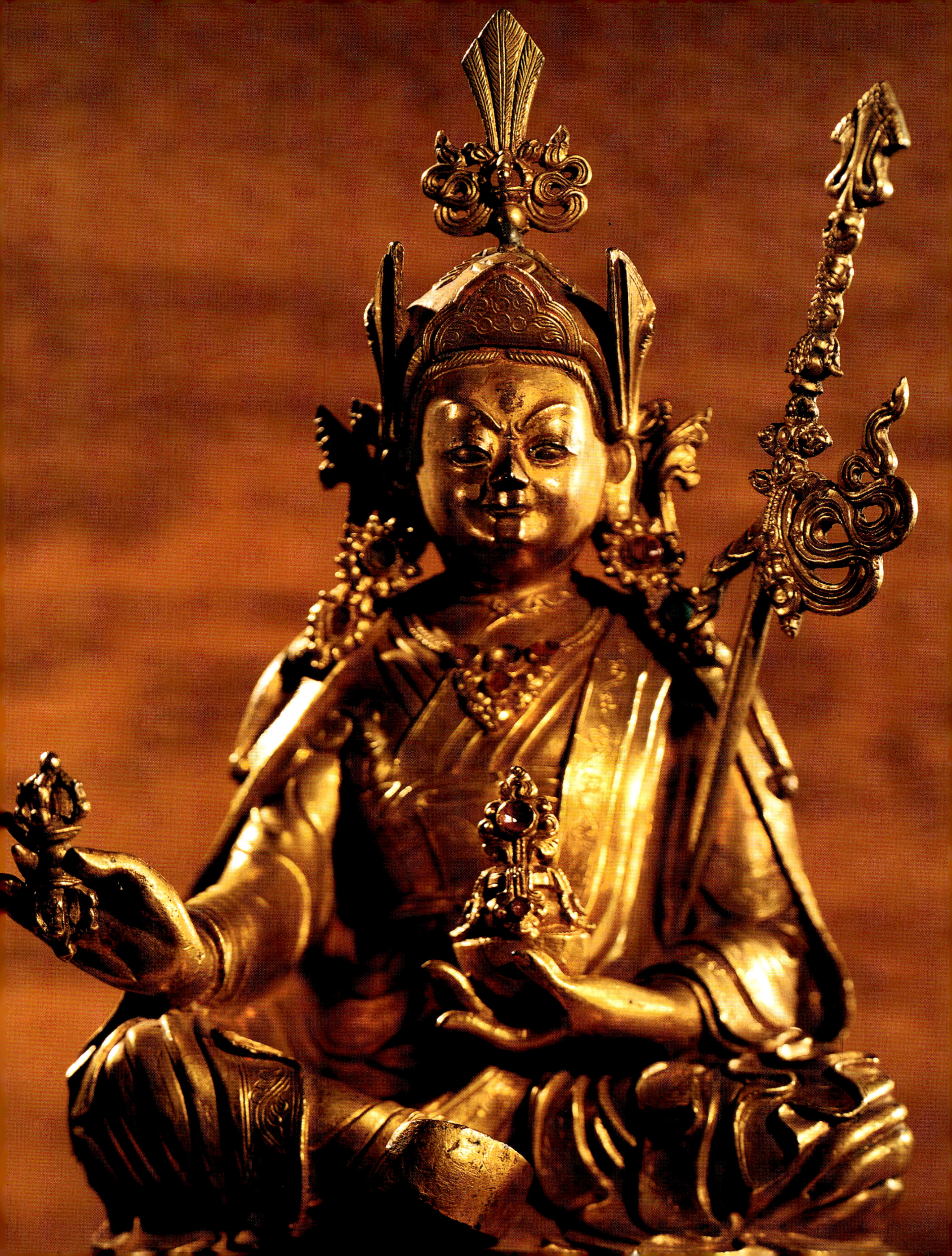

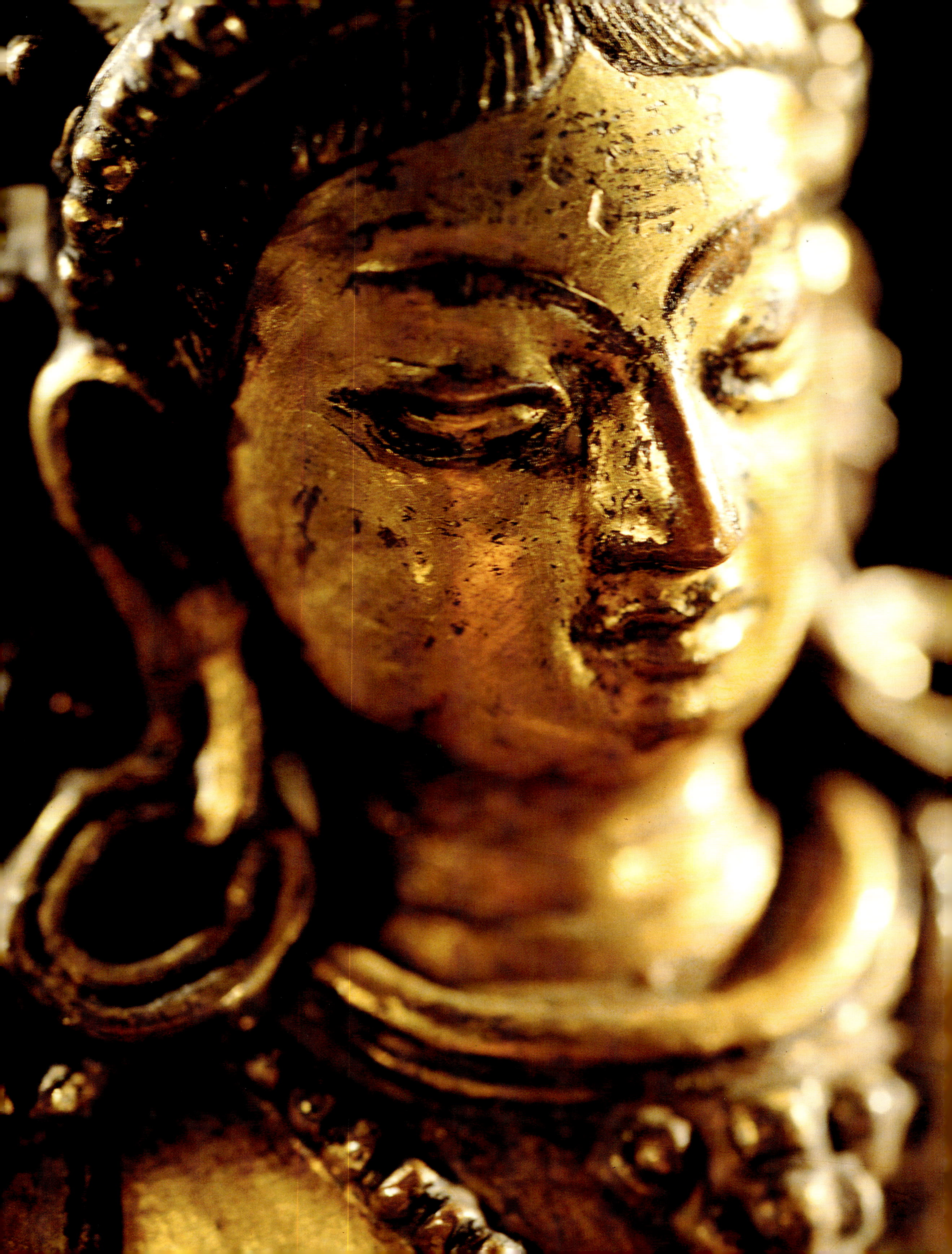

schale. Oft wird er von seiner Gattin, Prinzessin Mandarava, begleitet und von seiner wichtigsten Schülerin, der vollendeten Yogini Yesche Tsogyal, die die Biographie des Meisters verfaßte. Erstere wurde ihm von ihrem Vater infolge eines Wunders gegeben: Darüber aufgebracht, daß der Guru 500 Nonnen und seiner eigenen Tochter die Lehre predigte, befahl der König von Zahor, ihn lebendig zu verbrennen. Er aber verwandelte das Feuer in einen See und tauchte, auf einem Lotos thronend, daraus auf. Der König war so beeindruckt, daß er sofort den Dharma annahm und dem Weisen seine Tochter als Pfand seiner Loyalität übergab. Letztere hätte die Gattin von Trisong Detsen werden sollen, bevor sie ihr Leben der Suche nach dem Erwachen weihte, das sie unter der klugen Führung Padmasambhavas in einem einzigen Leben erreichte. Einige nennen sie „die himmlische Tänzerin" und sehen in ihr eine Dakini, die Emanation der inspirierenden Energie des Bewußtseins, die zum vollkommenen Begreifen der höchsten Realität führt.

Unter den anderen emblematischen Gestalten des Hochlandes hält Nagarjuna eine Sonderstellung. Dieser indische Gelehrte, der im 2. oder 3. Jahrhundert lebte, war niemals in Tibet gewesen. Dennoch ist das philosophische System, das er ausgearbeitet hat, der Madhyamika oder Mittlere Weg, zum Eckstein geworden, der Tsongkhapa zu seiner Reform führte, durch die die Schule der Gelugpa entstand.

Ein Gesicht der Weisheit

Die Wechselfälle der tibetischen Geschichte ließen den Buddhismus Höhen und Tiefen erfahren. Auf Jahre des königlichen Schutzes folgten Jahre der Zerstörung. Nach der Verfolgung durch Langdarma kam die Renaissance in Amdo im Nordosten Tibets, wo eine Handvoll Gäubiger Zuflucht gefunden hatte. Sie gewannen das Kloster von Samye wieder, richteten sich dort ein und nahmen den unterbrochenen Faden der Übersetzungen wieder auf.

Unter diesen Grenzgängern, so gläubig wie erbittert, entfaltete Rintschen Sangpo entscheidende Aktivitäten. Um dem Wunsch des Königs zu entsprechen, der das gute Korn des Dharma vom schlechten zu trennen wünschte, ging er auf die Suche nach dem Weisesten unter den indischen Pandits, dem Gelehrten der Klosteruniversität von Vikramaschila: Meister Dipamkara Schridschnana, den die Tibeter einfach Atischa, etwa „großer Heiliger", nennen.

Auf vielen Reisen hat der nach Weisheit Verlangende in seiner Jugend die verschiedensten zu Gebote stehenden Lehren gesammelt. Buddha Schakyamuni selbst soll Dipamkara im Traum befohlen haben, Mönch zu werden. Er gehorchte und ging nach Java und Sumatra, um die Lehre des Gesetzes zu verbreiten. Nach Indien zurückgekehrt, betrieb er weiter seine Studien und Lehren an den großen Universitäten. Erst nach 50 Jahren kam er 1042 nach Tibet. Zuerst richtete er sich in Tholing ein und übersetzte mit einer Gruppe des Rintschen Sangpo die die Lehre erhellenden Grundtexte.

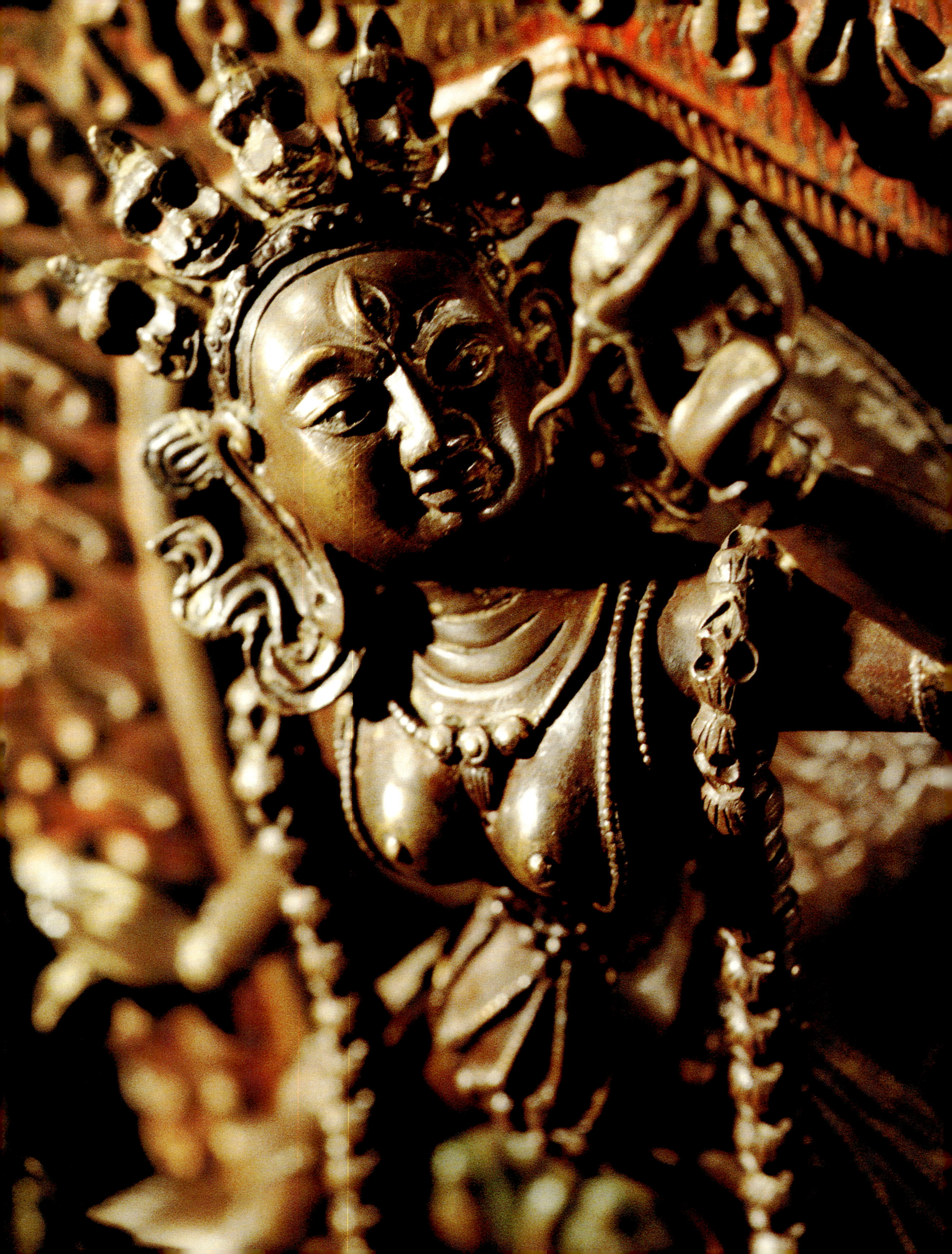

Atischa selbst verfaßte zahlreiche Kommentare und Unterweisungen, deren bekanntester, „Die Lampe auf dem Weg des Erwachens", noch immer Autorität ist. Später von Netang, dann von Yerpa aus, nicht weit von Lhasa, verbreitete Atischa bis zu seinem Tode die wahre Lehre. Ohne Zweifel ist er es, dem die Tibeter ihre tiefe Zuneigung zu Tara-Dolma verdanken, der Schutzgottheit des Meisters. Ihr Heiligtum in der Nähe der Hauptstadt war eines der wenigen, die der zerstörerischen Wut der Roten Garde entgingen. Die Historiker betrachten Atischa als Gründer der Schule Kadampa („mündliche Lehre"), die den Akzent auf die Übung, gefolgt von Meditation, legt, um den Geist von Befleckungen, die ihn verdunkeln, zu reinigen.

Für den tibetischen Buddhismus war das 14. Jahrhundert eine Zeit, in der die verschiedensten Richtungen erblühten, von bengalischen Anklängen der Üppigkeit bis zu magischen Zügen, ohne aber sich selbst zu verleugnen, auch wenn manchmal die persönlichen und eher weltlichen Rivalitäten nicht den vom Erwachten gepredigten Prinzipien der Toleranz und Integrität Rechnung trugen. Tsongkhapa, ein weitblickender Mann, unternahm es nun, den Respekt vor den Regeln wieder herzustellen und durch das Beispiel zu predigen. Er revidierte die großen Texte, den Kandschur und den Tandschur, die er einer gegliederten Analyse unterzog. „Der Mann aus dem Zwiebeltal" wurde 1357 in Amdo geboren, einer rauhen und eigenwilligen Provinz, die Tibet einige der leuchtendsten Persönlichkeiten schenkte. Tsongkhapa, frühreif und beharrlich, wurde im Alter von drei Jahren in die klösterlichen Regeln vom vierten Karmapa, Oberhaupt der Linie Karma-Kagyü, eingeweiht und von den fähigsten Meistern der Epoche unterwiesen.

Von den 18 erklärenden Werken und Kommentaren, die von ihm verfaßt wurden und Generationen von Mönchen gebildet haben, genießen zwei bei Meistern wie Schülern noch immer dieselbe Gunst: der Lam-rim Tschenmo oder „Schrittweiser Weg zum Erwachen" und der Ngagrim Tschennmo oder „Die großen Stufen des geheimen Mantra". Seine Schüler wurden zur strikten Einhaltung der Klosterregeln angehalten, vor allem was den Zölibat betraf, der ziemlich locker gehandhabt worden war. Auch war Tsongkhapa sehr vorsichtig hinsichtlich der Weitergabe der Tantras, insbesondere der esoterischen Praktiken.

Dsche Rimpotsche, wie die Tibeter ihn ehrfürchtig nennen, verlosch 1419 im Alter von 61 Jahren in seinem Kloster Ganden. Wie es ihm zukam, wurde er einbalsamiert und in einen Tschörten gelegt. Sein mumifizierter Körper wurde Objekt niemals verleugneter Verehrung bis zu seiner Zerstörung in der Kulturrevolution. Einige behaupten, daß die Soldaten der Roten Garde, die über ihn herfielen, buchstäblich vor Schrecken verrückt wurden, als sie das heitere Lächeln ihres Opfers gewahrten ...

Dakini, Gottheit des Bardo

KAPITEL 20

MEISTER UND SCHÜLER

BEWÄHRTES VERTRAUEN

IN ALLEN SCHULEN DES BUDDHISMUS WIMMELT ES VON ANEKDOTEN, DIE EINES BEKUNDEN: DEN MEISTER WÄHLEN, IST KEINE Kleinigkeit – und dies schon zur Zeit des Schakyamuni. Als der Erwachte sich anschickte, in das Nirvana einzugehen, und seine Schüler klagten, sie würden ihren geistigen Führer verlieren, gebot der Buddha ihnen, „ihr eigenes Licht zu sein". Vielleicht mehr als in anderen Ländern spielt der Lehrer in Tibet, so wie in den Schulen des Ch'an und des Zen, eine Hauptrolle: Ihm obliegt die Aufgabe, den Schüler auf dem ihm gemäßen Pfad bis an die Schwelle der Erkenntnis, der Weisheit oder des Erwachens zu führen.

Der spirituelle Abenteurer kann aber nicht irgendwen zur Leitung auf diesem schmalen Weg nehmen. Auch haben zahlreiche berühmte Meister oft davor gewarnt, sich zu schnell an die Rockzipfel von irgend jemandem zu hängen. Nichts illustriert diese Suche und diese Beziehung besser als die berühmte Geschichte von Marpa und Milarepa. Der Lama Marpa stellte unerbittliche Forderungen an seinen Schüler Mila, bevor er ihm die Schlüssel gewährte, welche aus ihm nicht nur einen renommierten Asketen, sondern auch einen Poeten machen sollten, dessen Lieder heute noch Leser und Hörer bezaubern.

Marpa, „der Mann von Mar", lebte im 11. Jahrhundert im Süden Tibets. Als Sohn aus gutem Hause und in der Absicht, nach Indien an die Schule der Weisen zu gehen, begann er, Sanskrit zu studieren. Durch den Verkauf seiner persönlichen Habe konnte er die Reise auch antreten. Er folgte 16 Jahre lang den Unterweisungen Naropas, einer der großen Weisen dieser Epoche und Zeitgenosse des Atischa, der ebenfalls in Nalanda lehrte. Nach Tibet zurückgekehrt, führte Marpa ein Familienleben, geteilt in seine profanen Pflichten und seine bemerkenswerten Interpretationen der aus Indien mitgebrachten Texte. Davon hat die Geschichte genaue Erinnerung bewahrt, denn die Tibeter nennen ihn „Marpa den Übersetzer". Es war nach einer neuerlichen Indienreise, als Mila bat, ihn als Schüler anzunehmen.

Marpa ersparte dem Bewerber keine einzige Prüfung, und es bedurfte des ganzen Einfühlungsvermögens seiner Frau Dagmena, daß der gutwillige Büßer nicht völlig entmutigt werde. Auch wenn sein Ruf als Übersetzer durchaus berechtigt ist, so symbolisiert „der Mann von Mar" darüber hinaus die Unbeugsamkeit des wahren Guru, der die ab-

Milarepa, der Asketen-Dichter: er ist der Prototyp der einzigartigen Beziehung zwischen Meister und Schüler (Bronze, Beginn des 19. Jh.)

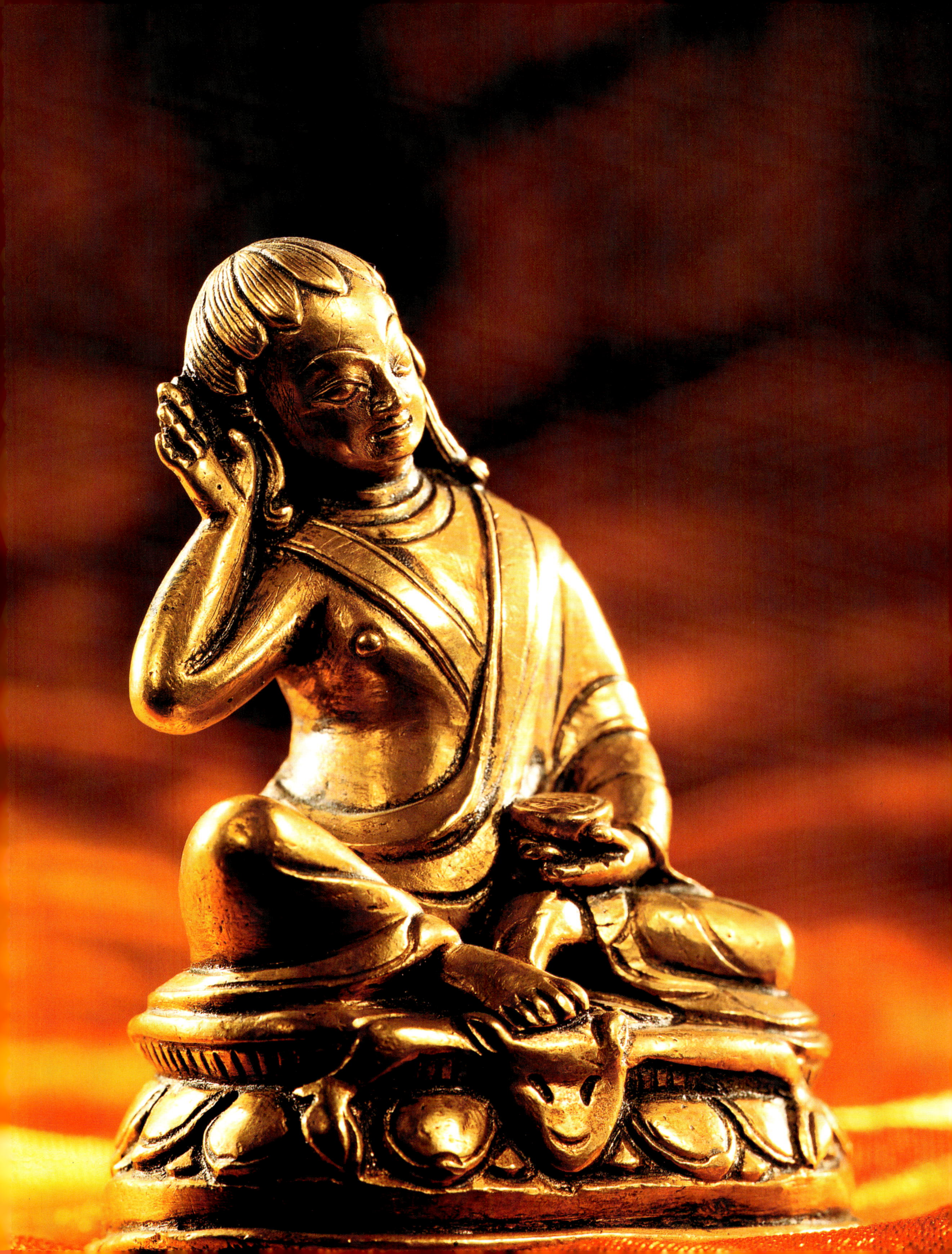

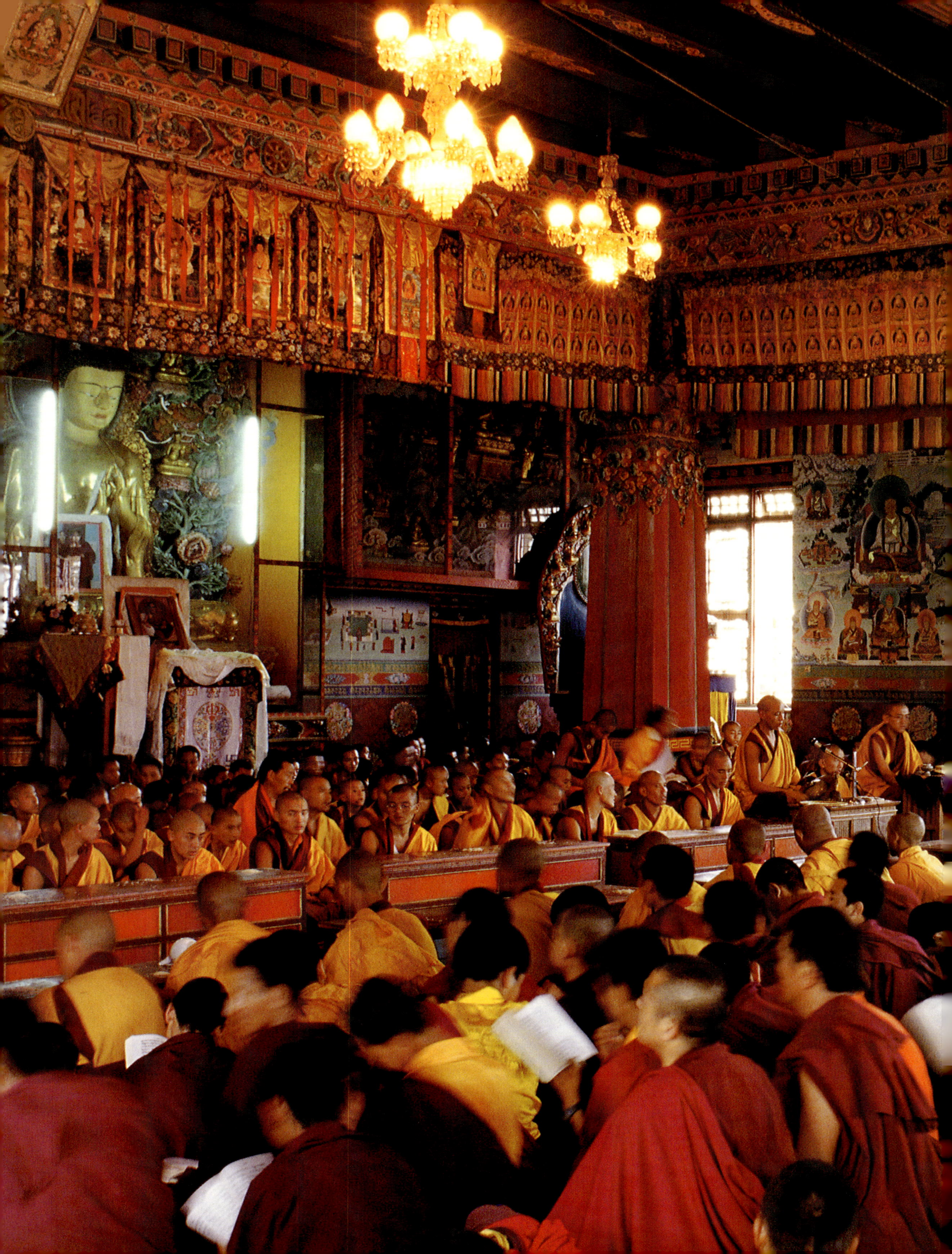

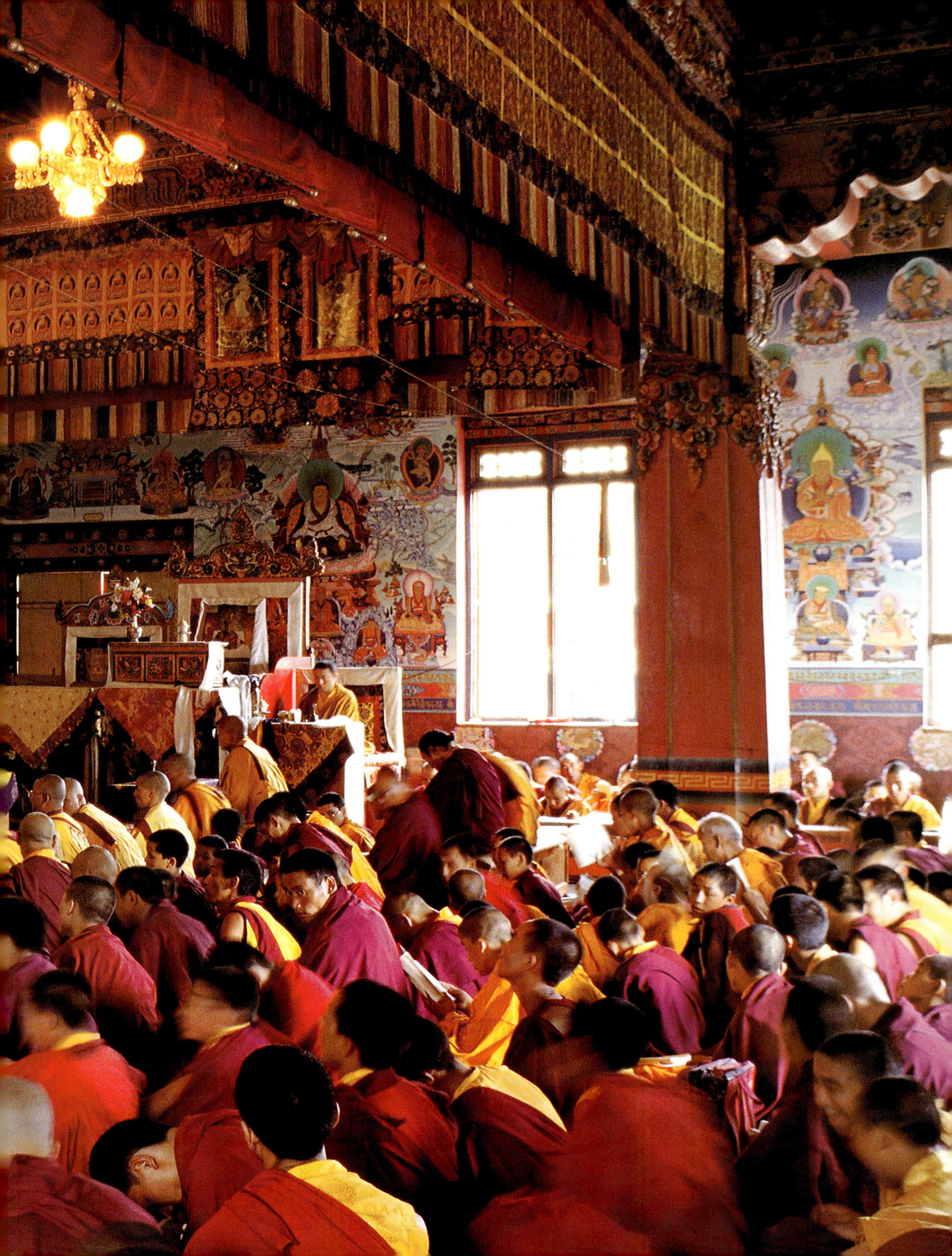

MEISTER UND SCHÜLER

solute Hingabe des Schülers fordert. In diesem Sinn ist dies das Bild des höchsten Vertrauens, das der tibetische Buddhismus von einem Meister gibt, der aber Gefahr läuft zu vergessen, daß auch er ein menschliches Wesen ist.

Die Beziehung Marpa–Milarepa verläuft auch deshalb stürmisch, weil Mila eine schlimme Vergangenheit hinter sich hatte. Schon in der Kindheit verlor er den Vater, und der zukünftige Asket wurde Experte in der schwarzen Magie: er wollte seine Mutter rächen, die durch einen gierigen Onkel Erniedrigungen erlitten hatte. Als Mila die Niederträchtigkeit seiner Aktionen bewußt wurde, suchte er sie wiedergutzumachen und wandte sich an Rongtön, einen berühmten Nyingma-Meister, der ihn zu Marpa schickte. Nicht unähnlich einer Quarantäne machte sich Mila bescheiden zu Marpas Diener und ertrug dessen Launen und Schmähungen, bis er sich eines Tages verzweifelt am Rande des Selbstmordes fand. Aber er vollzog diesen fatalen Schritt nicht, und Marpa willigte endlich nach dieser drastischen Reinigung der Vergangenheit ein, ihn in die Geheimnisse der höchsten Erkenntnis einzuweihen. Er lehrte ihn die härtesten Übungen, darunter die des *tummo* (innere Wärme), die Mila jahrelang in einsamen Höhlen des Himalaya, vor allem am Fuß des heiligen Berges Kailasa, praktizierte. Dort erwarb er sich seinen Beinamen *repa*, „Der, der die Baumwollrobe der Asketen trägt", und gewann zahlreiche Schüler, die ihn treu umgaben, als er wieder unter die Menschen ging. Sein Schüler Retschungpa zeichnete seine Taten auf und erzählte sein Leben zum größten Nutzen der Barden und wandernden Erzähler, die diese von Generation zu Generation überlieferten.

Mila, das Paradebeispiel des vollkommenen Yogi, der durch härteste Prüfungen den Weg der Missetaten einer turbulenten Jugend beendete, dichtete „Die 100.000 Gesänge", ein Kleinod der buddhistischen Literatur. Oft wird er auf einem Gazellenfell sitzend dargestellt, das über einen Lotos gebreitet ist, als Eremit gekleidet, die rechte Hand am Ohr, um die Stille zu hören. Sein Meister und er werden für die Gründer der Kagyüpa-Schule gehalten, die auf den Lehren der Mahamudra („Großes Siegel") und auf den aus Indien mitgebrachten „Sechs Lehren des Naropa" basiert. Diese Geschichte zeigt eine durch die Persönlichkeit ihrer Protagonisten außergewöhnliche Beziehung und wirft ein Licht auf die einzigartige Bindung, die zwischen Meister und Schüler geschmiedet werden kann. Doch sollte sie nicht folgende Worte des Buddha vergessen lassen, die nicht weniger erhellend sind, was die der Suche nach einem Guru betrifft: „Glaube nicht, weil es ein Weiser gesagt hat. Allgemein glaubt man, weil es geschrieben steht, weil es als göttliche Essenz dargestellt wird oder weil es ein anderer glaubt. Glaube nur das, was du selbst für wahr hältst, nachdem du es im Feuer der Erfahrung geprüft hast."

Schüler beim Unterricht der Lehre
Vorhergehende Doppelseite: In der Versammlungshalle eines tibetischen Klosters

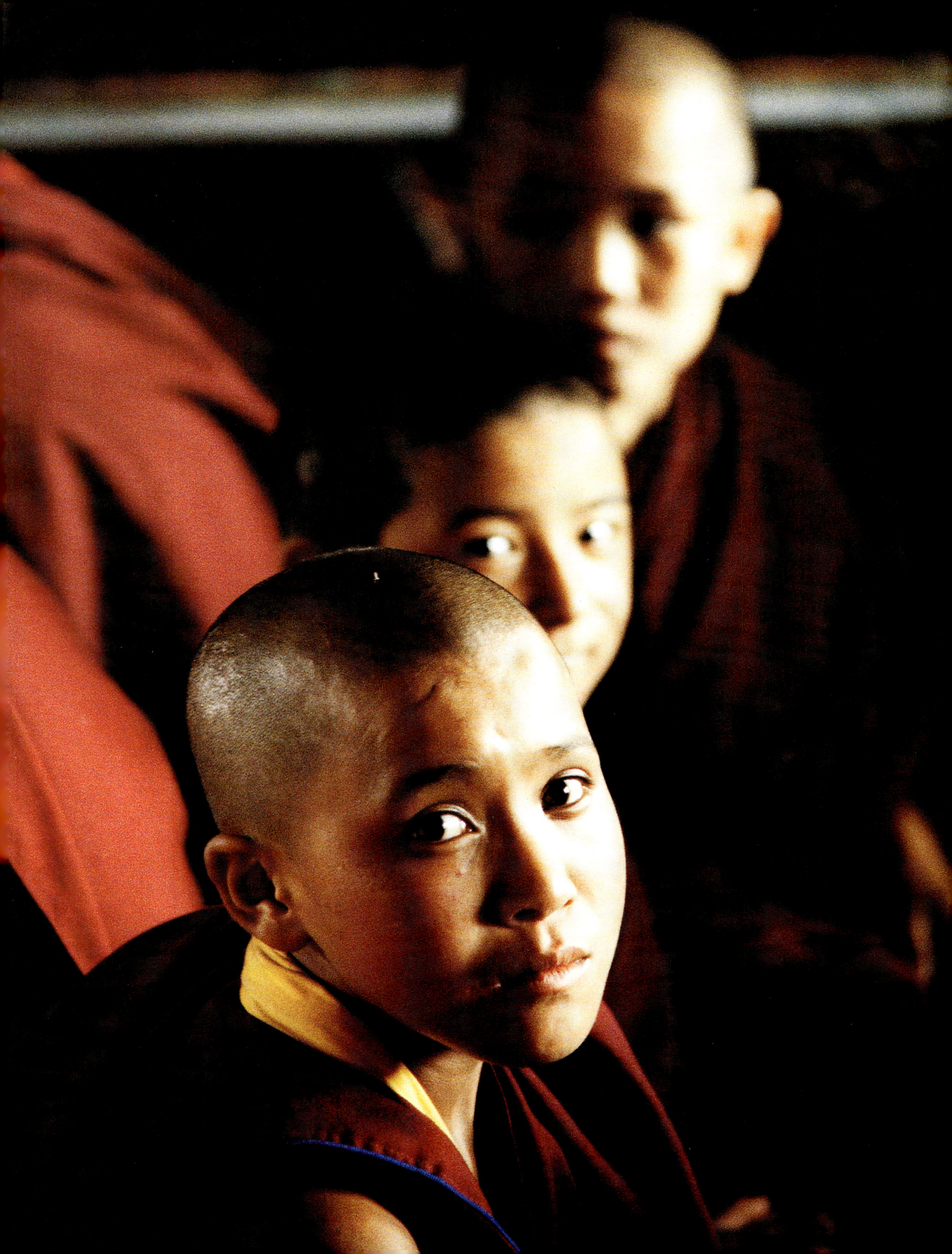

KAPITEL 21

DER SCHIRMHERR VON TIBET

TSCHENRESI-AVALOKITESCHVARA

„DER, DER MIT KLAREN AUGEN SCHAUT" ODER „DER, DER DIE GEBETE DER WELT HÖRT" ODER AUCH „DER HERR, DER AUF DIE LEIDEN DER Welt herabblickt" ist ohne Zweifel eine Gallionsfigur der tibetischen Tradition. Als einer der markantesten Erleuchteten des Mahayana ist dieser Bodhisattva der Schutzpatron von Tibet, dies umso mehr, als König Songtsen Gampo als seine Inkarnation betrachtet wird. Sein wesentliches Charakteristikum ist, wie das aller Bodhisattvas, das Mitleid, daher auch sein Titel „Großer Mitleidiger" oder „Herr des unendlichen Mitleids".

Die Darstellung von Tschenresi kennt an die 108, in den verschiedenen Texten beschriebenen Formen. In dreißig der gebräuchlichsten wird er vor allem in Tibet mit elf Köpfen und einer wahren Aureole von Armen dargestellt: das ist Avalokiteschvara (sein Sanskrit-Name) mit tausend Armen, wobei jede Hand ein Auge hat, damit er besser das Elend auf der Welt sehen und augenblicklich zu dem ihn Rufenden zu Hilfe eilen kann. Er wird immer besonders dynamisch dargestellt, selbst wenn er sich in Bildern kleineren Formats mit vier Armen begnügt, die alle anderen symbolisieren, deren er sich bedient, um die Qualen der Welt zu mildern.

Nach der Legende betrachtete der Bodhisattva eines Tages die Welt, und was er dort sah, war so gewaltig, daß er vor der Größe der Aufgabe, die er sich vorgenommen hatte, verzweifelte und sein Kopf buchstäblich vor Schmerz zerplatzte. Sein spiritueller Vater, dessen Emanation er ist, der uranfängliche Buddha Amitabha „von unendlichem Licht", sammelte die Stücke und formte elf neue Köpfe, die Avalokiteschvara als drei übereinanderliegende Kronen zu je drei Gesichtern trägt. Die erste spiegelt das Mitleid wider, die zweite den Grimm über die Not der Welt, die dritte die durch das Gute hervorgebrachte Freude. Das vorletzte Gesicht wird von einem letzten Kopf überragt, das des Buddha Amithaba. Nach anderen Interpretationen sollen diese zehn Gesichter auf die zehn Etappen hinweisen, die der Bodhisattva bis zu seinem Buddha-Zustand durchlief.

Tschenresi ist den Tibetern besonders lieb, da er in gewisser Weise am Beginn der historischen Dynastie Yarlung steht, deren Gründer Nyathi Sangpo, Großvater des Songtsen Gampo, für seine Inkarnation gehalten wird. Nach dem klassischen Kanon der Darstellungen tragen sechs der acht an den Schultern angebrachten Arme ganz bestimmte Attribute – Gebetskette, Lotos, Rad des Gesetzes, Pfeil, Bogen und Wassergefäß, die beiden Haupt-

Die Gesichter des Schirmherrn des Hochlandes

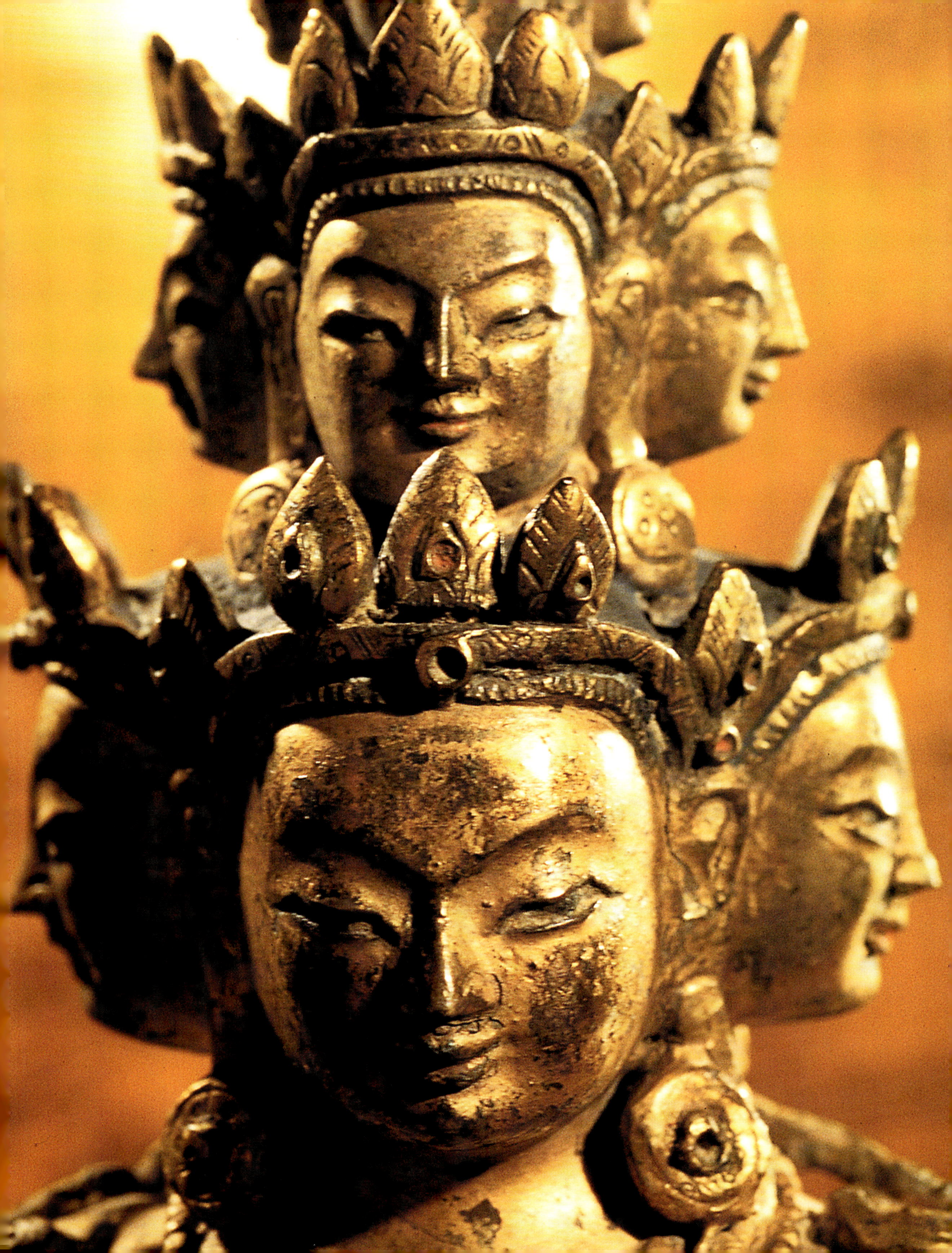

hände zeigen die Andschali-Mudra. Die restlichen 992 haben in der offenen Handfläche jeweils ein Auge.

Avalokiteschvara soll das heilige, heute noch populärste Mantra OM MANI PEME HUM nach Tibet gebracht haben. Dieses Mantra wird an den Großen Mitleidigen und Herrn der Welt Tschenresi-Avalokiteschvara gerichtet.

Wie die meisten tibetischen Gottheiten, friedvolle wie schreckliche, wird Tschenresi sehr oft auf dem traditionellen Lotos-Sockel stehend dargestellt, eine seiner Hände hält meistens eine Lotosblume: daher sein Name Padmapani (Träger des Lotos). Außerdem wird Avalokiteschvara direkt mit gewissen Nachfolgelinien von Weisen in der buddhistischen Welt verbunden. Je nach Breitengrad nimmt er lokale, sehr markante Züge an. So wird der Bodhisattva des Mitleids in China oder Japan zu einer Göttin, der überaus verehrten Kuan-Yin bzw. Kwannon.

Dank seiner tausend Arme schreibt man Tschenresi auch das einzigartige Vermögen zu, das Gute auszustrahlen und die Übel, unter denen die Wesen der sechs Welten leiden, zu erleichtern. Er ist es, der in verschiedenen Gestalten Erleichterung und Hilfe sowohl den Tieren wie den hungrigen Geistern wie natürlich auch den Menschen bringt. Letztere sind wahrlich privilegiert, insofern sie mit Bewußtsein begabt sind. Sie allein haben die vorzügliche Chance, die Augen hinsichtlich ihrer Situation zu öffnen, und daher selbst den Weg des Erwachens zu wählen, der zur Befreiung von der Illusion führt.

Überdies, und dies ist nicht der geringste seiner hervorstechenden Züge in den Augen der Tibeter, ist der Dalai Lama eine Inkarnation von Avalokiteschvara, des Allerbarmenden. Daher die Verehrung für ihn wie für die Gottheit, deren lebendiger Repräsentant er in der Welt der Menschen ist

Tschenresi Avalokiteschvara mit elf Köpfen und acht Armen (Bronze, 18. Jh.)

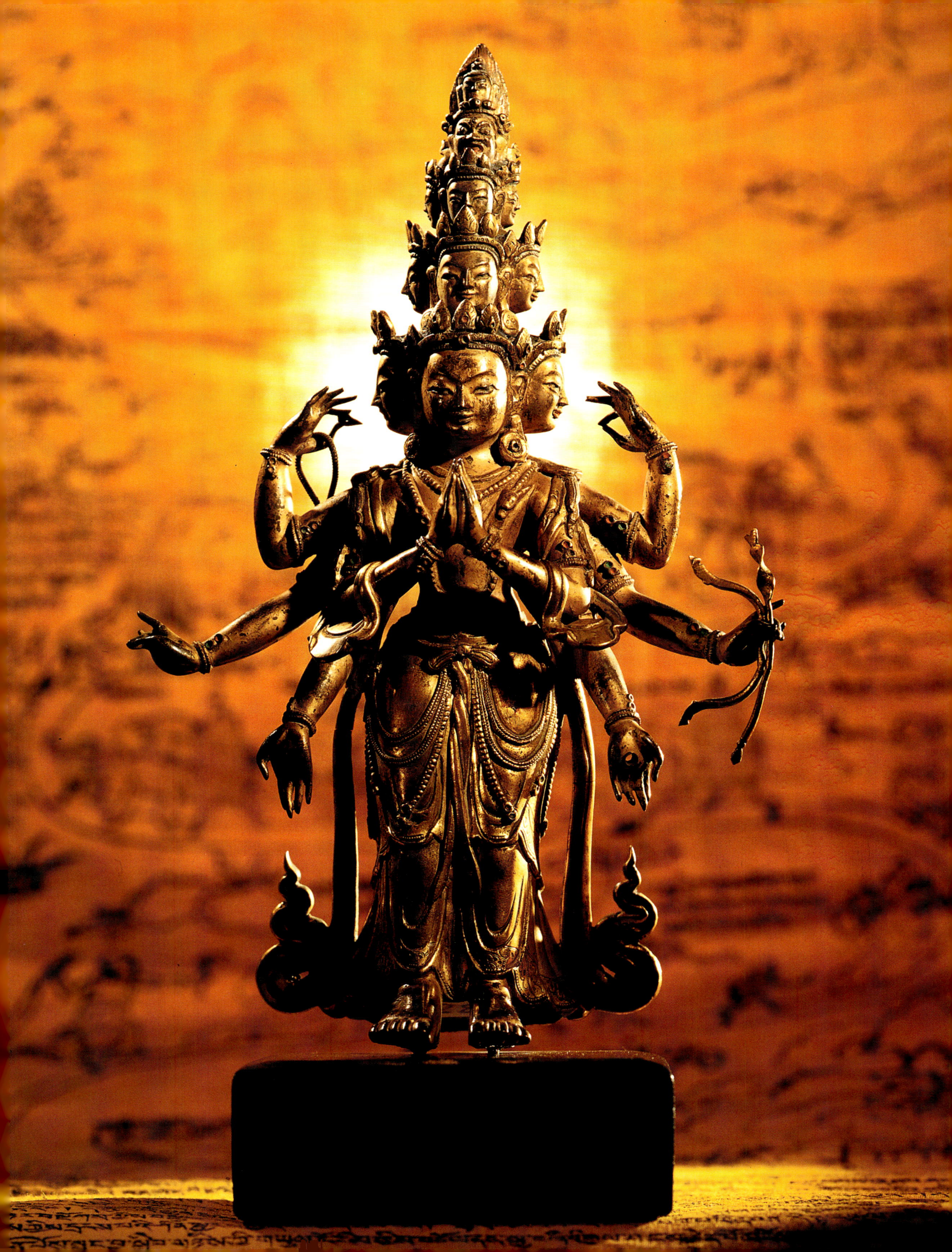

KAPITEL 22

DIE GROSSE GÖTTIN

TARA-DOLMA
HÜTERIN, BESCHÜTZERIN UND RETTERIN

TARA-DOLMA IST ENG MIT TSCHENRESI VERBUNDEN UND VOM BODHISATTVA DES MITLEIDS PRAKTISCH NICHT ZU TRENNEN. SIE personifiziert den weiblichen Aspekt seiner Fürsorge und hilft ihm in aktiver Weise. Als Kraft, Macht oder Energie der Gottheit ist sie ihrem Wesen nach dynamisch. Daher wird man nicht erstaunt sein, daß sie in 21 verschiedenen Formen dargestellt wird, die in Farbe, Haltung und Attributen variieren, sie bleibt aber immer und vor allem „die Retterin".

Mit ihrer Geburt sind verschiedene Legenden verbunden. Nach den einen entstand Tara-Dolma aus einer Träne des Avalokiteschvara, der einen Augenblick an der Größe seiner Mission verzweifelte. Andere erzählen, ein blauer Strahl aus dem Auge Amitabhas habe sie hervorgebracht, und wieder andere, daß aus einer Träne des Tschenresi ein Lotos wuchs, auf dem Tara erschien. In Tibet hat sie die meisten Anhänger, da sie überall sehr populär wurde durch die Verehrung, die ihr besonders Atischa entgegenbrachte, dessen Schutzgottheit sie war. Und dies ist sie nun für viele Gläubige, die sie weiterhin unter dem einen oder anderen Aspekt anrufen.

Vor allem zwei Taras spielen eine wichtige Rolle: die weiße und die grüne, und da es scheint, daß man nicht mit Sicherheit weiß, welcher von beiden der Vorrang gebührt, werden sie allgemein als gleichwertig betrachtet. Alle beide sind wie Bodhisattvas gekleidet, reich geschmückt, auf einem Lotos-Thron und in der Hand eine Lotosblume – erblüht für die weiße Tara, blau und geschlossen für die grüne. Außerdem erfreut sich die Tara bei den Tibetern so hoher Wertschätzung, weil sie sich in den zwei schönen, fremden Prinzessinnen, den Gattinnen des Königs Songtsen Gampo, inkarnierte – die weiße in der Chinesin Wencheng, die grüne in der Nepalesin Bhrikuti Devi. Beide sind friedfertige Aspekte der Göttin.

Die fünf Regenbogen-Taras werden in direkte Beziehung zu den fünf uranfänglichen Buddhas gesetzt, insofern sie das aktive Vermögen der tantrischen Gottheiten sind. So trägt die blaue Tara in Tibet den Namen Ekadschata und soll von dem Weisen Padmasambhava unterworfen und zur Gehilfin der grünen Tara gemacht worden sein. Sie stellt einen zürnenden Aspekt der Göttin dar und trägt daher Hackbeil und Schädelschale. Die gelbe Tara, „Die die Stirne runzelt", geboren aus einem sorgenvollen Stirnrunzeln des Avalokiteschvara, ist ebenfalls eine zürnende Form der grünen Tara und hält einige ihrer charakteristischen Attribute, wenn

Tara, Paredra des Tschenresi: Sie symbolisiert seine aktive Energie und erscheint in 21 verschiedenen Aspekten.

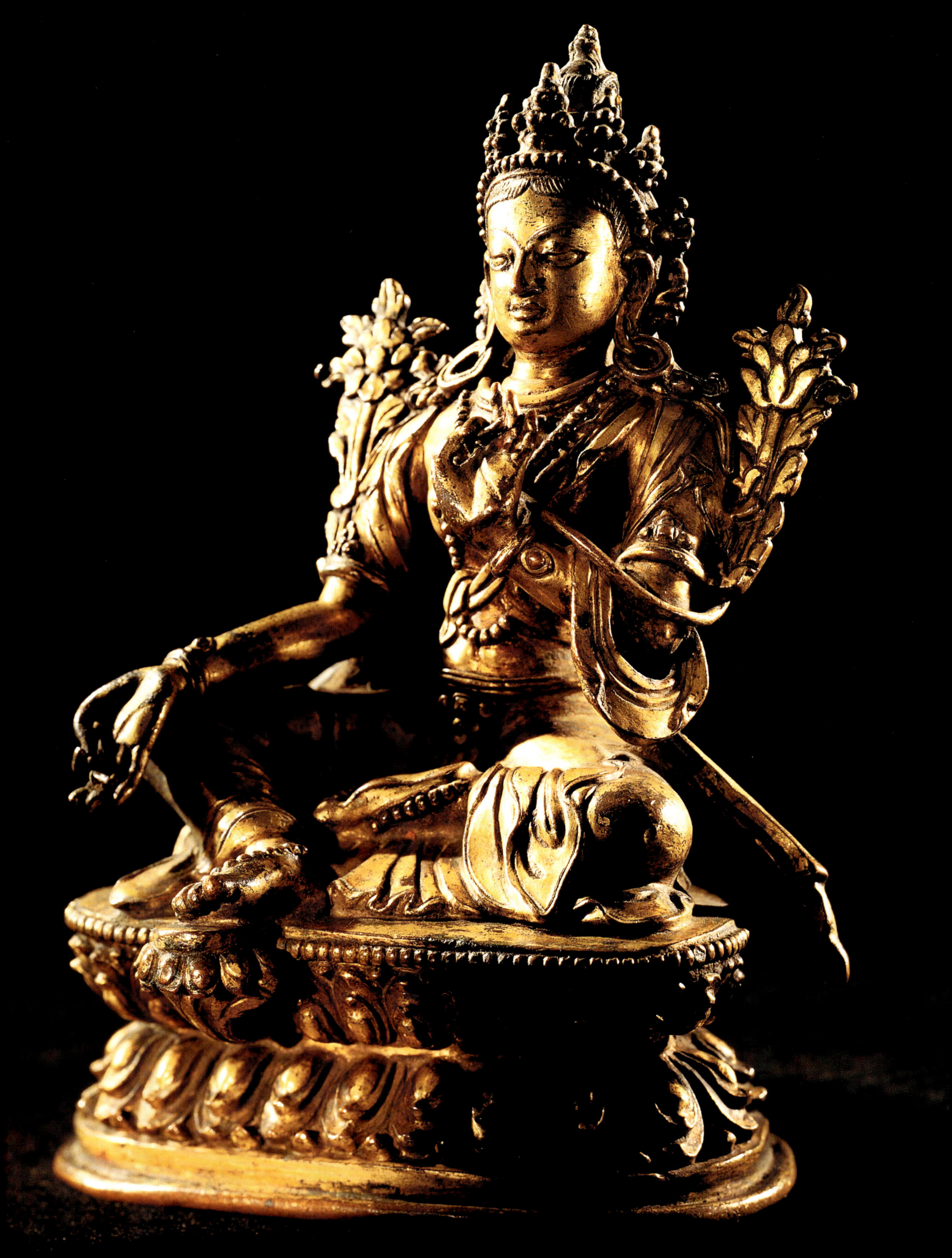

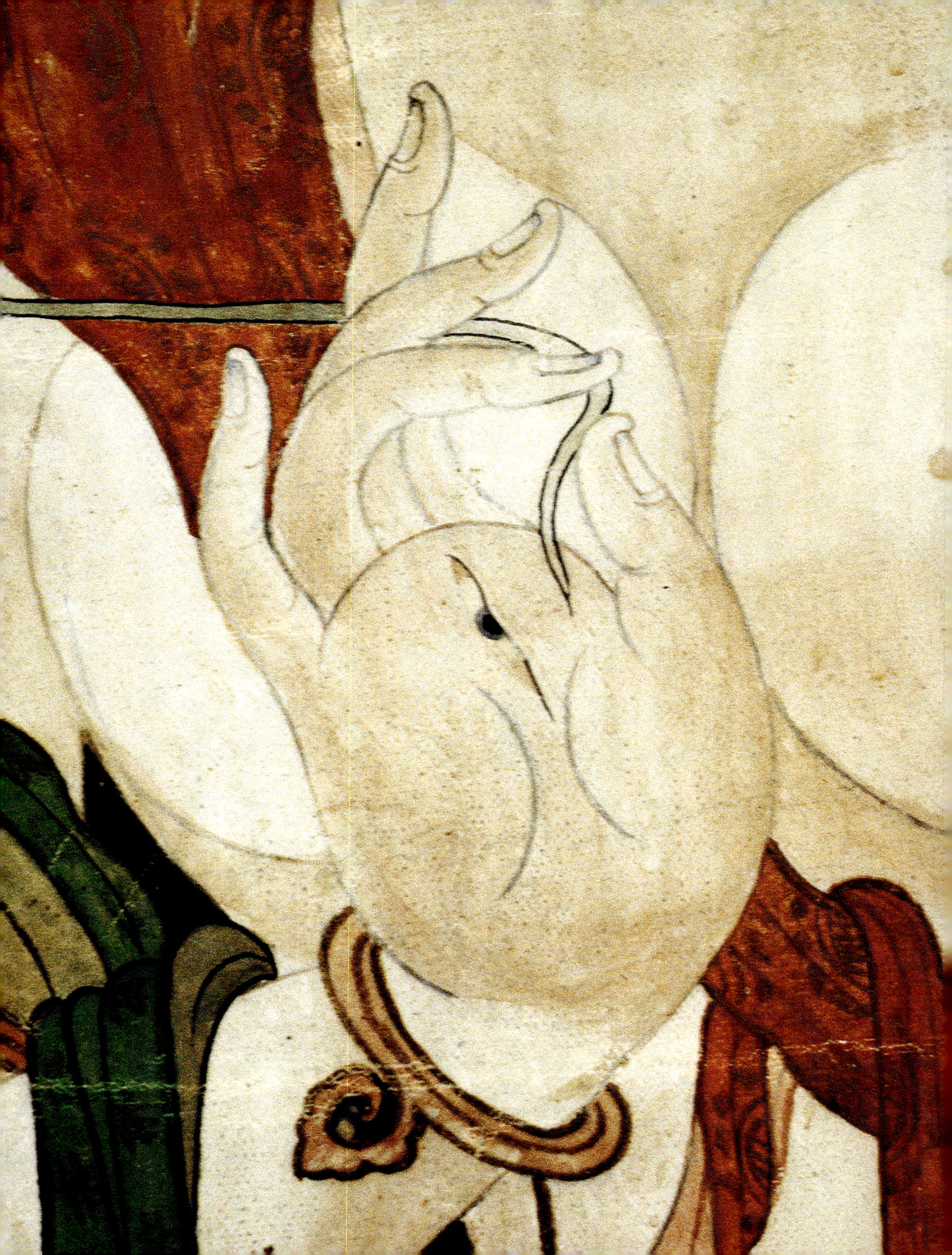

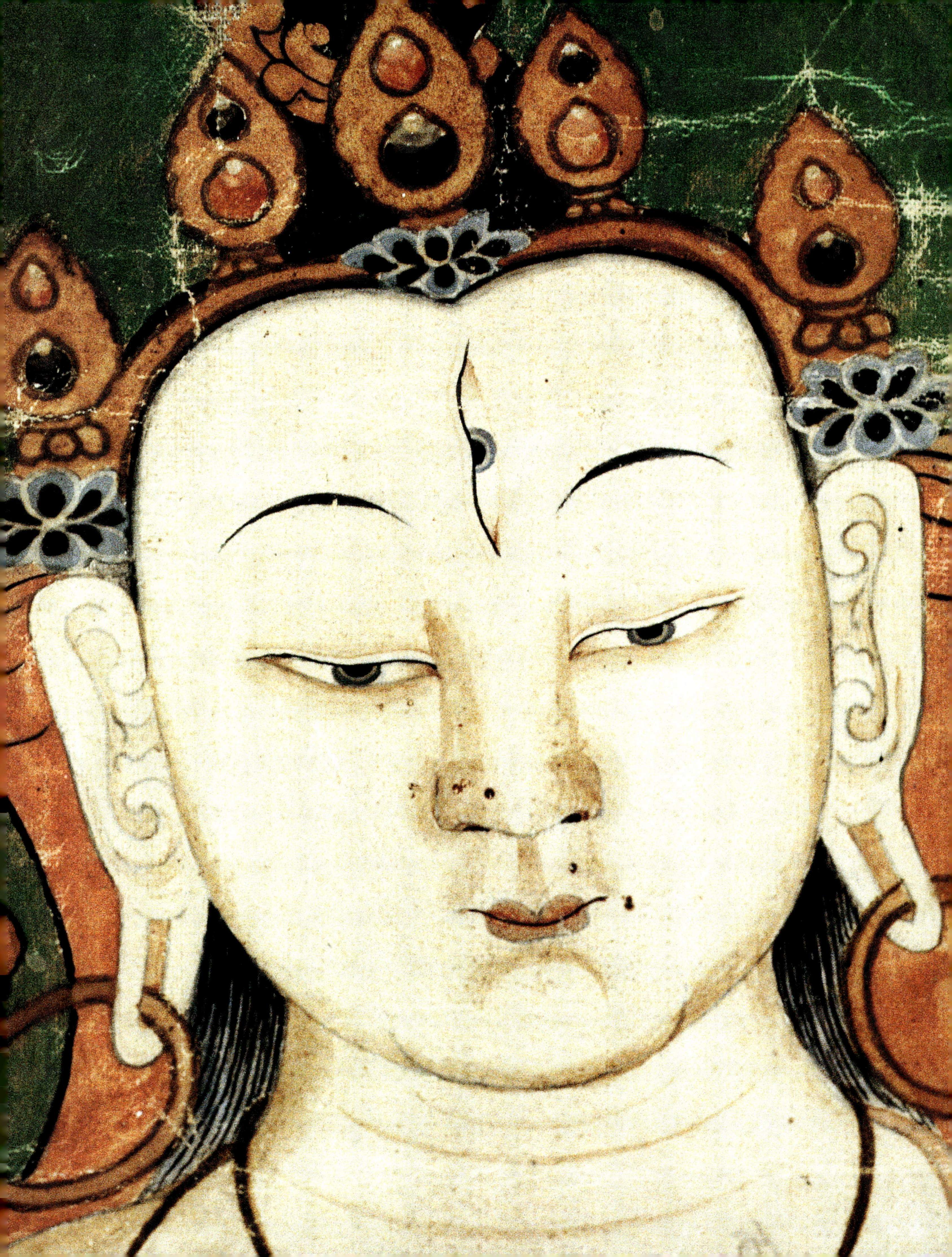

sie mehrere Arme hat (Vadschra, Fessel, Pfeil, Tritonsmuschel, Lotos). Während die uranfängliche Tara Ausdruck der Liebeskraft ist, ist die rote Kurukulla ein sanfter Aspekt, aber der Pfeil, den sie oft trägt, und die Krone aus Menschenschädeln verweisen auf die Kraft ihrer Taten.

Die weiße Tara, auch Sitatara genannt, unterscheidet sich durch ihre sieben Augen: ein normales Paar, ein Auge in jeder Hand, eines auf jeder Fußsohle und eines auf der Stirn. Ob als Statue in Bronze oder anderem Material, ob nicht bemalt oder bemalt, auf Gewebe gestickt (Thangka) oder als Fresko an den Mauern, ihre vielen Augen werden immer sorgfältig angezeigt. Sie wird als Patronin des Landes par excellence betrachtet, als Hüterin seiner buddhistischen Traditionen und Retterin der Anhänger, die niemals zögern, einen Hilferuf an sie zu senden, selbst für die kleine alltägliche Mühsal.

Mit ihren vielfältigen Kräften bewahrt Tara vor allen Ängsten. Es genügt, sie um Hilfe anzurufen – und sie kommt, bereit, den Gläubigen aus den schlimmsten Situationen zu retten. Sie schützt vor den Löwen, Elefanten, giftigen Schlangen und Straßenräubern. Sie öffnet auch das Tor zu einem unbetretbaren Burgfried und läßt die eisernen Fesseln des Gefangenen verschwinden, und sie heilt die Lepra. Sie bewahrt vor der Todesangst, nimmt die Schmerzen und führt die Suchenden bis zur höchsten Vollendung. Ihre Wirkungskraft gegen Blitzschlag, die Wut des Ozeans und Feuer ist ohnegleichen.

Nach dem Tara-Tantra war es in der Nacht der Zeiten, in der Epoche des Sieghaften, der „Licht der Welten" genannt wurde, als Prinzessin „Mond der Weisheit" wegen ihrer verdienstvollen Taten und ihrer Inbrunst ermutigt wurde, um eine Wiedergeburt als Mann zu beten, damit sie das vollkommene Erwachen erlange. Sie antwortete: „In diesem Leben gibt es keine Unterscheidung mehr zwischen ‚männlich' und ‚weiblich', noch zwischen ‚selbst' und ‚jemand', so daß dieser Gedanke selbst kein Objekt mehr hat. Die Wesen schwachen Geistes lassen sich von dieser Illusion in die Falle locken. Und da es zahlreiche Wesen gibt, die in männlicher Gestalt das Erwachen zu erreichen wünschen, werde ich für mein Teil in einem weiblichen Körper für das Wohl aller Wesen bis zum Ende des Samsara wirken." So wurde aus der Prinzessin Tara die Göttin.

Es versteht sich von selbst, daß die symbolischen Interpretationen der Tara und ihrer 21 Aspekte sich je nach Fortschritt des Suchers auf dem Weg der Erkenntnis vertiefen. Aus der engen Beziehung zwischen Tschenresi-Avalokiteschvara und Tara-Dolma ergibt sich, daß letztere eine der mächtigsten Schutzherrinnen verschiedener Linien der Weisheit, besonders jene des Dalai Lama, ist.

Die grüne Tara: ein weiterer Aspekt der großen Schutzgottheit. Vorhergehende Doppelseite: Die weiße Tara, die man an ihren „Augen des Mitleids" erkennt. (Detail einer Tangkha)

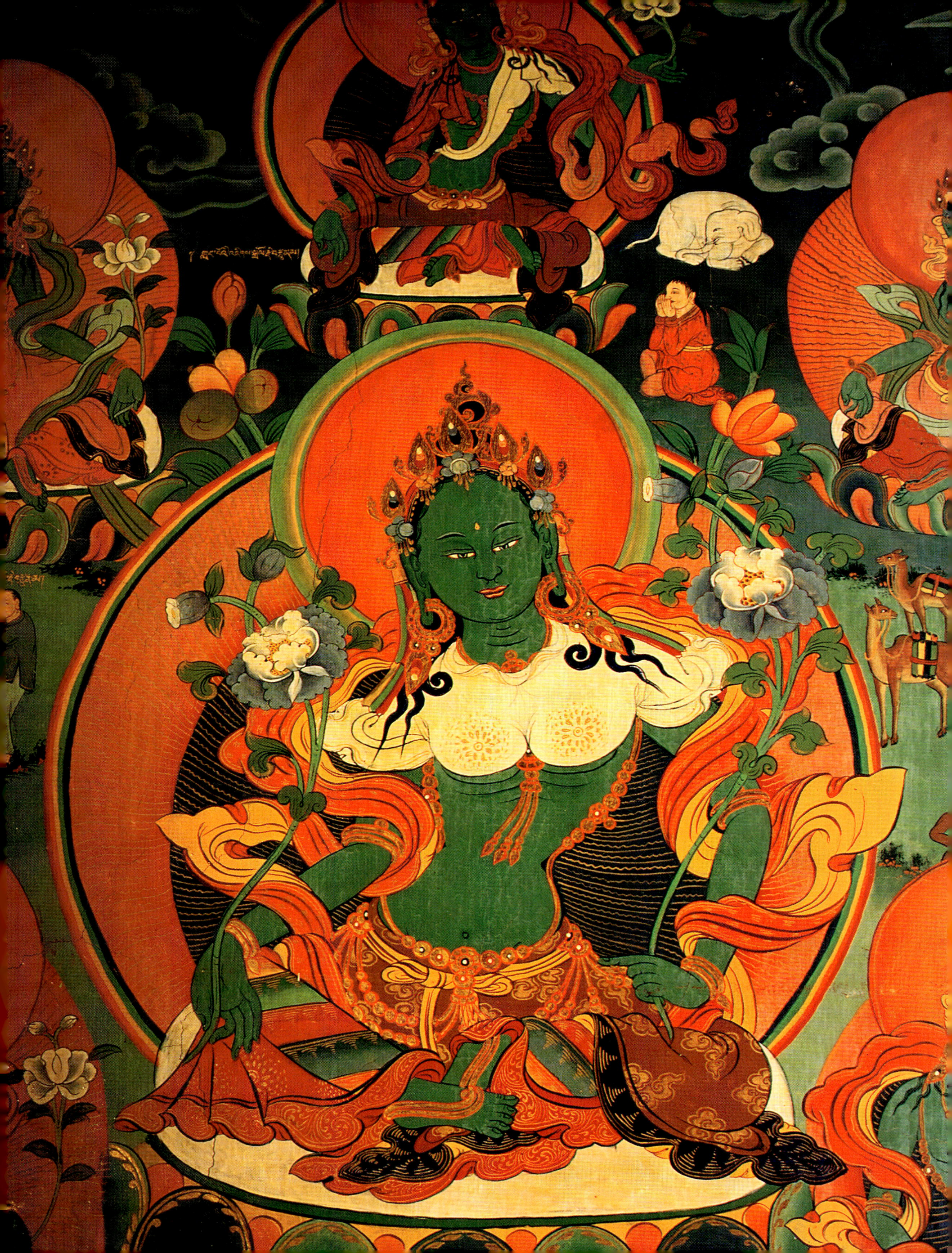

KAPITEL 23

DIE GROSSEN SCHUTZHERREN

HERREN DER ZEIT, DES TODES UND DER NEGATIVEN KRÄFTE

SIE SIND DIE FURCHTERREGENDEN HÜTER DES GESETZES UND DIE TREUEN VERTEIDIGER DES BUDDHA. OFT SIND ES VORBUDDHISTISCHE Gottheiten, die gegen die Boten des Mitleids von jenseits des Himalaya heftig opponierten. Weise und Magier mußten lange kämpfen, um sie zu bändigen und der Lehre zu unterstellen: so sind sie Beispiele für die Metamorphose des Schülers, der Aggressivität und Gewalttätigkeit umkehrt und in Kräfte des Guten verwandelt. Durch ein betrübliches Mißverständnis brachten die sogenannten schrecklichen Gottheiten den Tibetern einen schlechten Ruf ein: nämlich die Beschuldigung, Dämonen anzubeten. Die großen Schutzherren entspringen jedoch der originären, von den spirituellen Meistern gefundenen Methode, den komplementären Polaritäten Rechnung zu tragen – positiv und negativ, sanft und zornig –, die im Geist des Menschen hausen.

Mahakala, „Der Große Schwarze", Herr der Zeit und der transzendenten Weisheit, wird folgendermaßen charakterisiert: ein mächtiger, schwarzer Körper, kriegerische Haltung, vorstehende Fänge, hervorstehende Augen; er trägt Opfermesser, Schädelkette, Dreizack, Schädelschale, Fangschlingen und Damaru und steht meist auf einem Menschen.

Andere strenge und ebenfalls ambivalente Gottheiten sind Yamantaka, der Besieger des Todes, und Pälden Lhamo, die einzige weibliche Gestalt unter den großen Schutzgottheiten, mit strengen Zügen. Sie bildet mit Mahakala ein Paar und geht auf die hinduistische Göttin Schri Devi zurück. Strähniges, gesträubtes Haar rund um den Kopf, getragen von einem roten Maultier, der Halsschmuck aus Schädeln und ein Sonnenschirm aus Pfauenfedern sind ihre kennzeichnenden Attribute. Gewöhnlich schmückt ein drittes Auge ihre Stirn, und das Grinsen, das sie mit hervortretenden Fängen aufsetzt, hat nichts Einladendes.

Man gibt ihr jedoch den Titel „Die Glorreiche Göttin", oft hat sie einen Mond im Haar und eine Sonne am Nasenflügel, und sie wird als Hüterin von Lhasa betrachtet.

Diese drei Gestalten, denen die Tradition einzigartige Kräfte zuschreibt, sind die Schutzgottheiten des Gelugpa-Ordens, und ihr Schutzvermögen machte sie zu den privilegierten Hütern des Dalai Lama.

Die Maske des Mahakala, des „Großen Schwarzen", Herr der transzendenten Weisheit (19. Jh.)

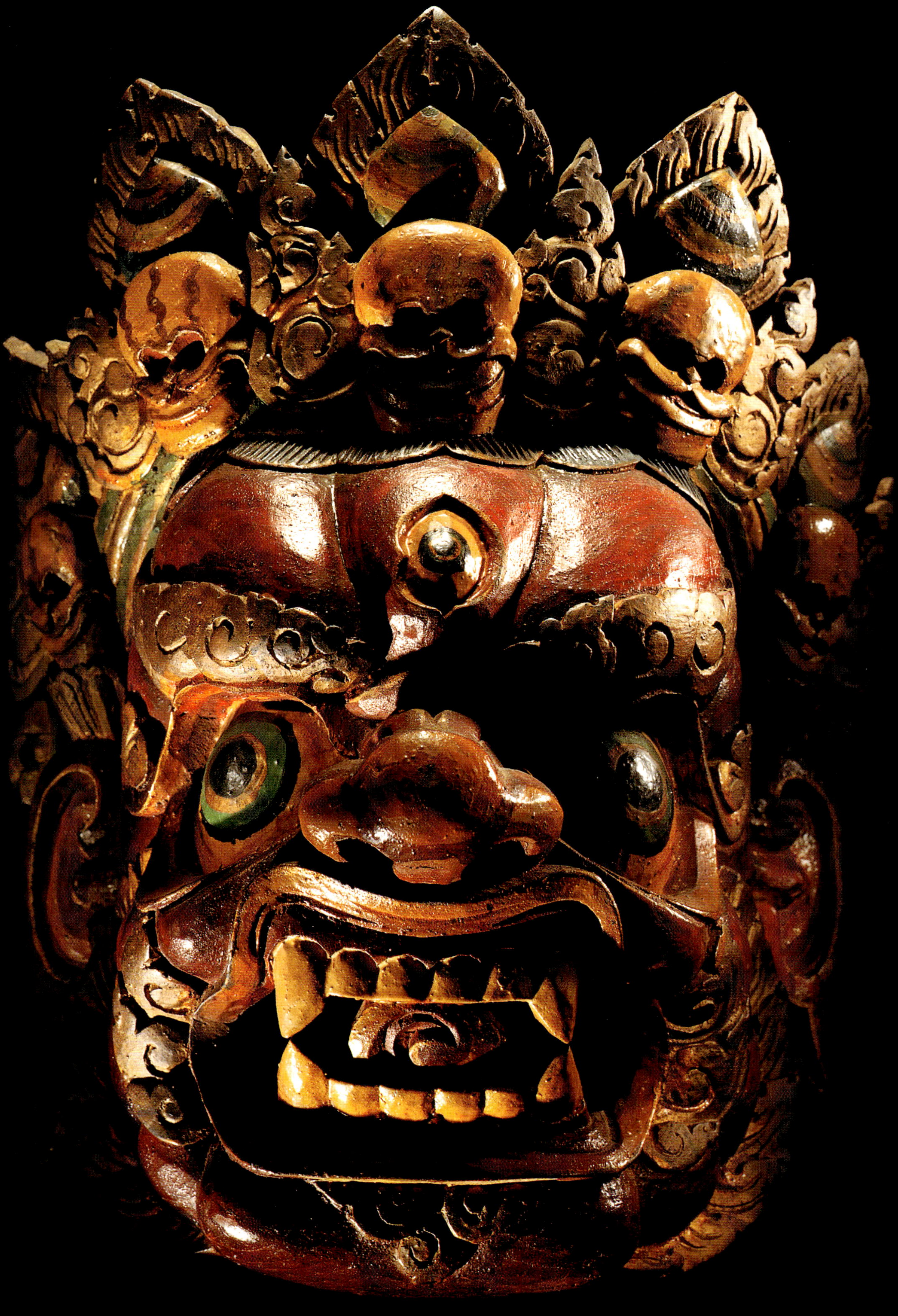

KAPITEL 24

DAS FEUERRITUAL

DIE GROSSE REINIGUNG

WIE IN DEN MEISTEN KULTUREN NIMMT DAS FEUER AUCH IM BUDDHISMUS EINEN BESONDEREN PLATZ EIN: ALS ELEMENT VON fundamentaler Symbolik, als notwendige Etappe auf dem Weg der Erkenntnis, als in das Opfer integrierter Teil, da es Wärme und Licht zugleich ist. Das Feuer symbolisiert vor allem die Reinigung, die Flamme aber die Unbeständigkeit des Wandels und Werdens. In einem Land, in dem Holz sehr selten ist, blieb die Leichenverbrennung vollendeten Meistern vorbehalten, und nur die verehrtesten unter diesen wurden einbalsamiert. Der Buddha wurde verbrannt, und obwohl sein physischer Körper keine Asche zurückließ, haben seine Anhänger einige Knochenfragmente gesammelt und in acht große Stupas eingeschlossen. Manchmal lassen große Mystiker als Zeichen ihres Vorbeikommens eine Art bunter „Perlen" zurück, *ringsel* genannt, die ihre spirituelle Vollkommenheit bekunden. Ihre Anhänger betrachten sie als kostbaren Talisman.

Wie in frühen Zeiten gilt das Feuer auch heute noch als der Reiniger schlechthin. Im Fall einer Krankheit, um einen Ort oder ein Lebewesen von schlechten Einflüssen zu befreien, um der Versicherung willen, daß ein Ort zum Bauen günstig ist, wird ein Lama mit der Vollziehung des Feuerrituals betraut, genau nach der Regel und gewissenhaft ausgeführt. Wenn nicht, kann die verkehrte Kraft die Oberhand gewinnen und Verheerungen bewirken, deren nur eine oberste Macht Herr werden könnte. Deswegen muß sich auch derjenige, der den Ritus vollzieht, vor dessen Beginn einer vollständigen Reinigung unterziehen. Wacholder, Weihrauch oder jedes riechende Holz kann diese bewirken.

Je nach Schwere des Übels, das zu bekämpfen oder dem vorzubeugen ist, werden ein oder mehrere Mönche gerufen, die vereinigt ihre Talente anwenden, gewöhnlich unter Rezitationen von Mantras oder Dharanis und speziellen Gesten (Mudras) sowie mit Hilfe der rituellen Trommel (Damaru), um die Wirksamkeit im Zusammenspiel der Zeremonie zu erhöhen.

Es mag interessant sein, daß es frappierende Korrespondenzen zwischen dem tibetischen Feuerritual und den traditionellen Zeremonien der Hopi-Indianer gibt, die ein ähnliches Ziel haben: ein über den Pazifik geworfener Laufsteg, jenseits von Zeit und menschlicher Erinnerung, als mutwillige Illustration einer tiefen Brüderlichkeit, die in Vergessenheit gerät.

Die reinigenden Flammen der Butterlampen
Seite 104: Räucherstäbe; Seite 105: Feuerritual

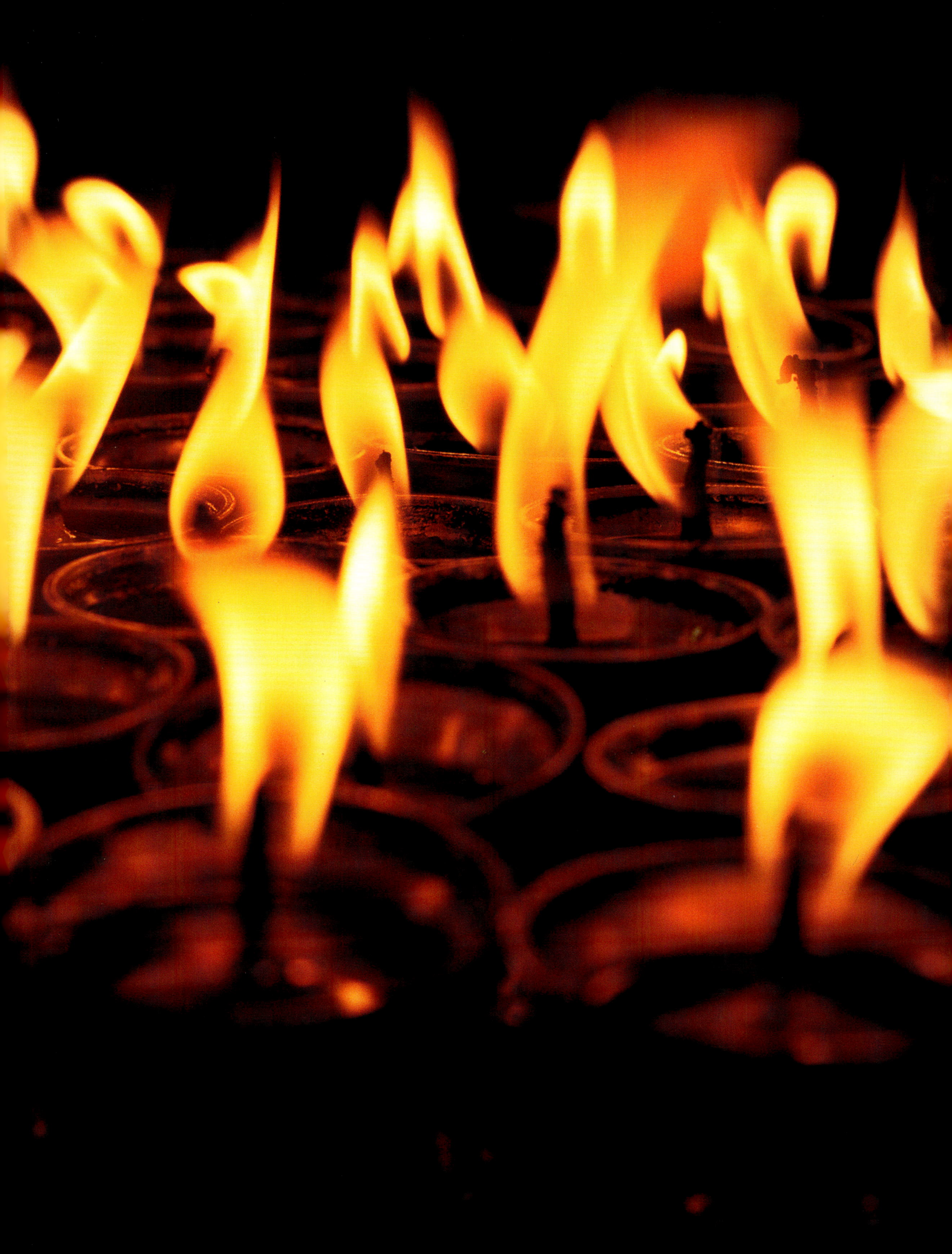

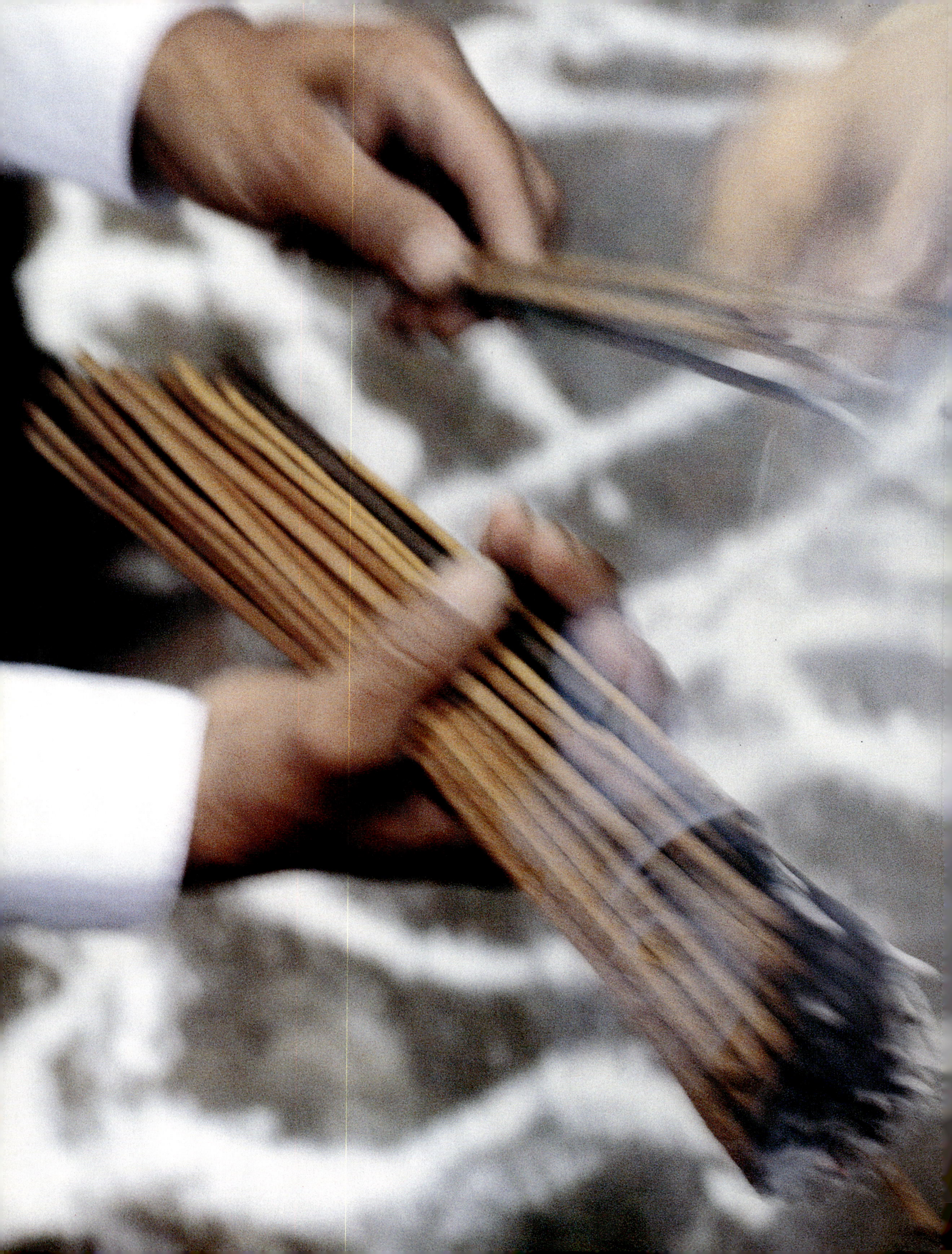

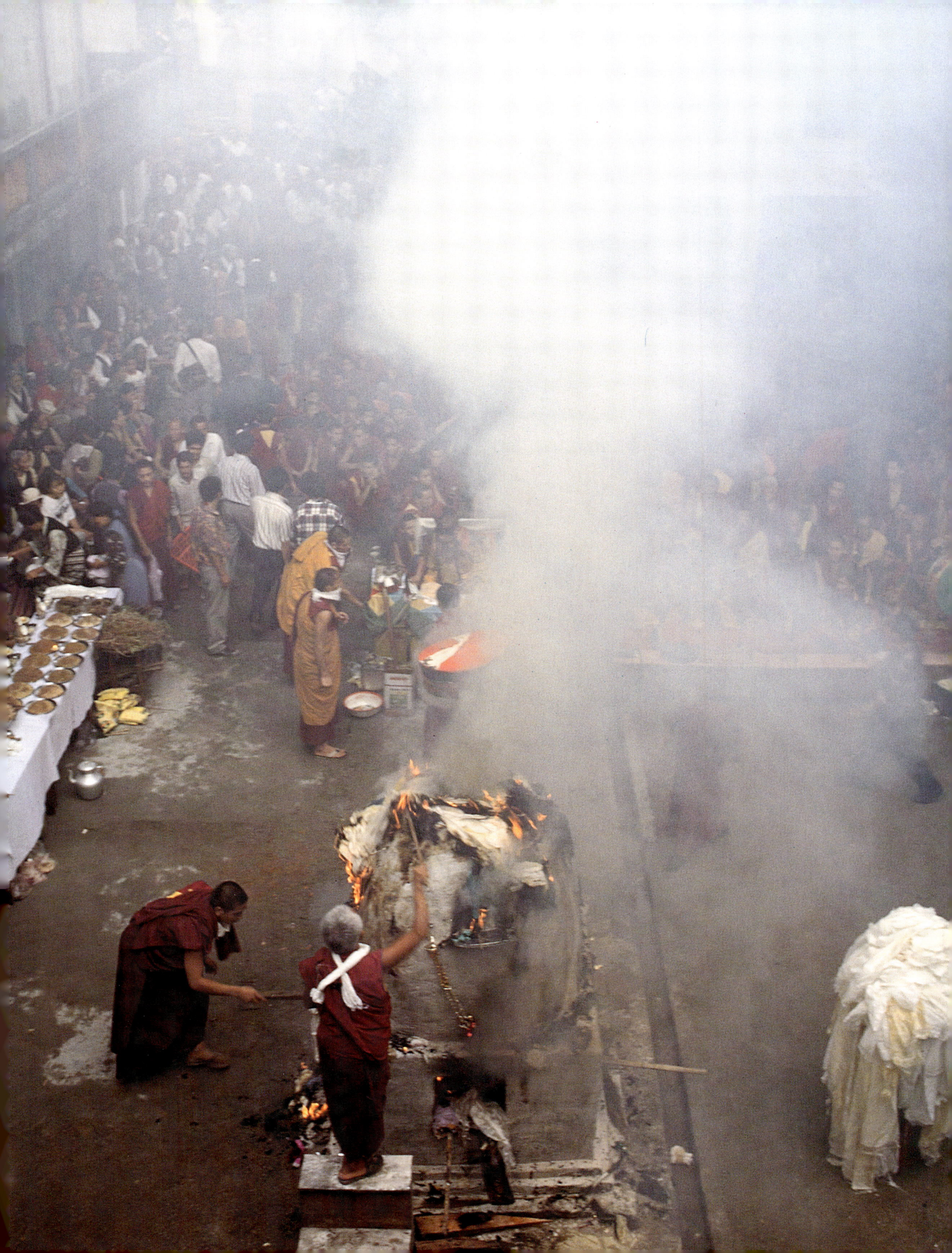

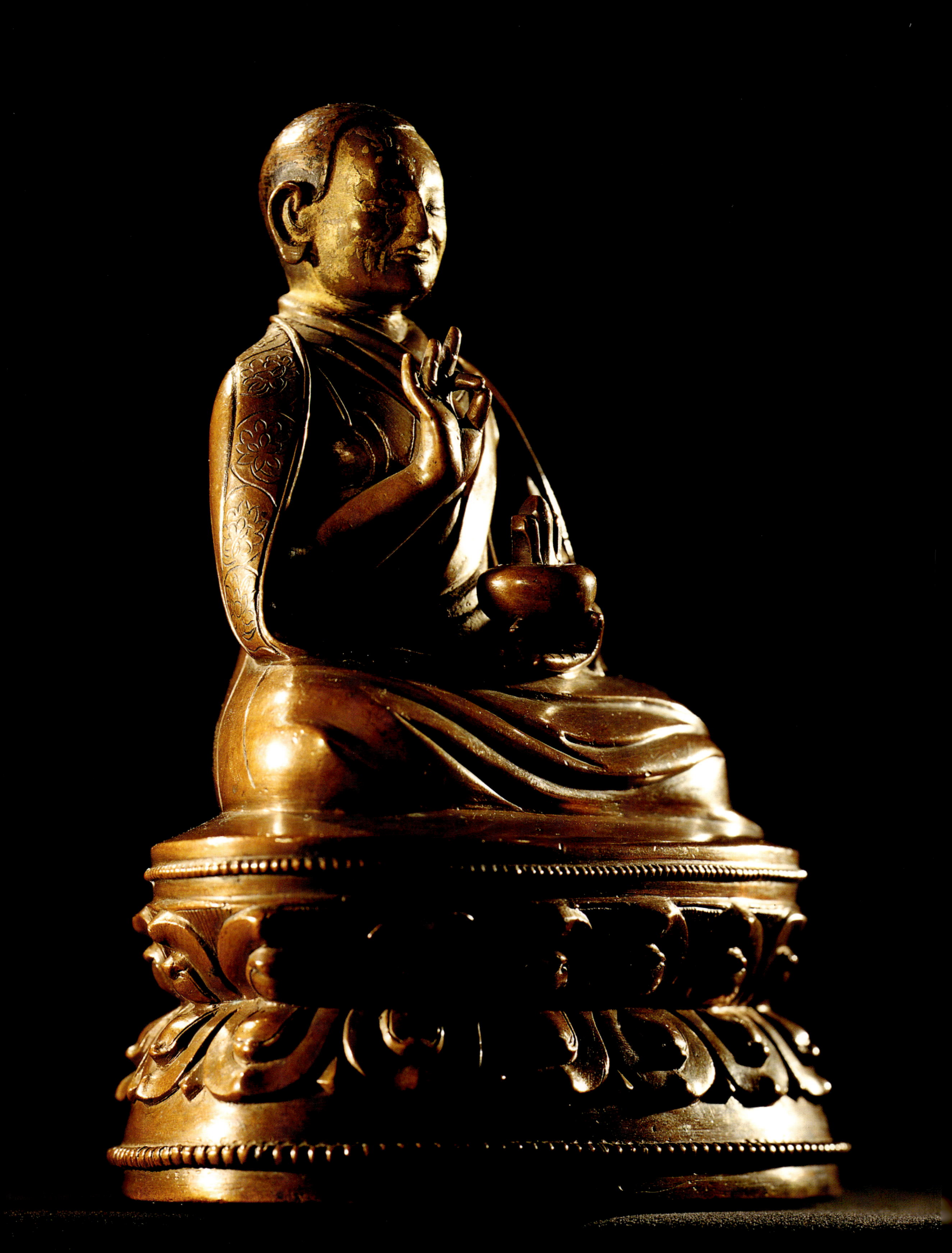

KAPITEL 25

MÖNCHE UND LAIEN

Ein soziales Gewebe

AUF EINEM PLANETEN, DESSEN SOZIALE STRUKTUREN SICH DURCH TIEFGREIFENDE EINBRÜCHE WANDELTEN, BLIEB TIBET BIS ZUR chinesischen Invasion 1950 eine Welt für sich. Durch die feudale, von einer Theokratie regierten Gesellschaft hatte das Hochland Strukturen einer anderen Zeit bewahrt. Die wenigen Zeitzeugen sagen übereinstimmend aus, daß es eine rauhe Gemeinschaft war, aber nicht ohne Feinheiten, vor allem aber eine harmonische, mit einer einfachen, lebensfrohen Bevölkerung.

Mönche und Laien lebten in einer Symbiose. Die ersteren hingen von den letzteren bezüglich Nahrung und Unterkunft ab; die Laien kultivierten den Boden und holten die Ernte ein, und die Mönche kümmerten sich um das geistige Wohl aller. Die Tradition verlangte, daß ein Kind pro Familie Mönch werden mußte – dies war eine Ehre. Der Novize begann gewöhnlich mit acht Jahren, die klösterlichen Gelöbnisse waren nicht vor dem zwanzigsten Lebensjahr möglich.

Die Bevölkerung respektierte allgemein die fünf, allen Buddhisten gemeinsamen Grundregeln (nicht töten, nicht stehlen, nicht durch Worte schädigen, sexuelle Unzucht und Alkohol vermeiden). Die Obligationen der Novizen sind viel strenger: kein Lebewesen zerstören, nichts nehmen, was nicht gegeben wird, sich des Geschlechtsverkehrs, des Alkohols und der Drogen enthalten, die zu Sorglosigkeit führen, nicht zu ungelegener Zeit essen, nicht tanzen und singen, keine Vorstellungen besuchen, keine Blumengirlanden tragen, sich nicht parfümieren, nicht in Luxus schlafen, kein Geld annehmen. Die Laien haben die Möglichkeit, sich von Zeit zu Zeit weihen zu lassen und die sogenannten täglichen acht Regeln des Mahayana zu praktizieren, die Grundgelübde des Novizen, jedoch unter der Bedingung, sie jedesmal auszuüben, wenn sie sie in die Praxis umsetzen können.

Wie die Bhikschus aller Schulen werden die tibetischen Mönche dazu angehalten, die in der Zeit des Buddha erstellte und im Vinaya gegebene klösterliche Disziplin zu praktizieren. Die Regeln sind streng und zwingend, wenn sie auch manchmal vernachlässigt werden: Immer wieder findet sich ein respektierter Meister, der durch das Beispiel predigt und so die Disziplin wieder herstellt. Die Einweihungszeremonie, die den Eintritt in den Sangha markiert, wird einfach gehalten und ist Synonym für tiefe Anteilnahme und Anlaß für Freudenfeste.

Mönch mit der Geste des Lehrens und der Bettelschale (Bronze, 18. Jh.)

KAPITEL 26

DER MEDITIERENDE

DAS GEDÄCHTNIS DER JAHRHUNDERTE

DER EREMIT UND DER OFT UMHERWANDERNDE ASKET WAREN IN ASIEN SEIT DEN DUNKELSTEN ZEITEN TEIL DER RELIGIÖSEN TRADITION. DER tibetische Buddhismus bildet darin keine Ausnahme, um so mehr als die öden Weiten des Hochplateaus besonders für einsames Meditieren, das den großen Meistern so teuer ist, geeignet sind. Oberhalb der Umfriedung der Klöster wurden noch vor kurzem Hütten oder Höhlen mit Vorräten versehen, damit die Aspiranten in Einsamkeit meditieren konnten.

Das klassische, allen Orden gemeinsame ‚Sich in die Einsamkeit zurückziehen' dauert gewöhnlich drei Jahre und drei Monate und wird auch mehrere Male im Leben praktiziert. Aber dieser Rückzug kann nicht ohne Zustimmung und Leitung eines Meisters unternommen werden, der sich gewissermaßen die Verantwortung mit dem Schüler teilt. Man befolgte ihn in allen großen Klöstern Tibets. Heute setzt sich diese Tradition in den Zentren tibetischer Studien fort, die sich seit dem Exil auf der ganzen Welt verbreitet haben. Einige glauben, daß diese strenge Ausbildungstradition ihren Ursprung im jährlichen Rückzug hat, dem sich die Mitglieder des Sangha zur Zeit des Buddha in der dreimonatigen Regenzeit unterwarfen und der in den buddhistischen Ländern Südostasiens noch immer Brauch ist.

In seiner Zurückgezogenheit von der Welt, die aber, mit einigen Ausnahmen, nicht eine absolute ist, hat der Meditierende viel Zeit, sich selbst zu formen und sich darauf vorzubereiten, die so gewonnenen Erkenntnisse anderen und der Gemeinschaft dienstbar zu machen, wenn er unter die Menschen zurückkehrt. Gehärtet durch die Prüfung einer strengen Disziplin, wird von ihm angenommen, daß er die größten Hindernisse des Alltags (vor allem die drei „Gifte" Nichtwissen, Haß und Begierde) überwunden hat und so bereit ist, für die anderen segensreich zu wirken.

Ein regelmäßig Meditierender, der aber im Leben steht und seine täglichen Pflichten erfüllt, sucht gewöhnlich sein inneres Leben mit seiner äußeren Existenz zu harmonisieren. Für die einen wie für die anderen ist dies, je nach eigenem Maßstab, eine volle und bewußte Teilnahme an einer jahrhundertelangen, nie unterbrochenen Übertragungskette essentieller Weisheit, die es, in der vollkommensten Form, erlaubt, von allem völlig losgelöst und doch mit allem verbunden zu sein.

Klassische Meditationshaltung:
durch sie werden die Energien gesammelt und kanalisiert.

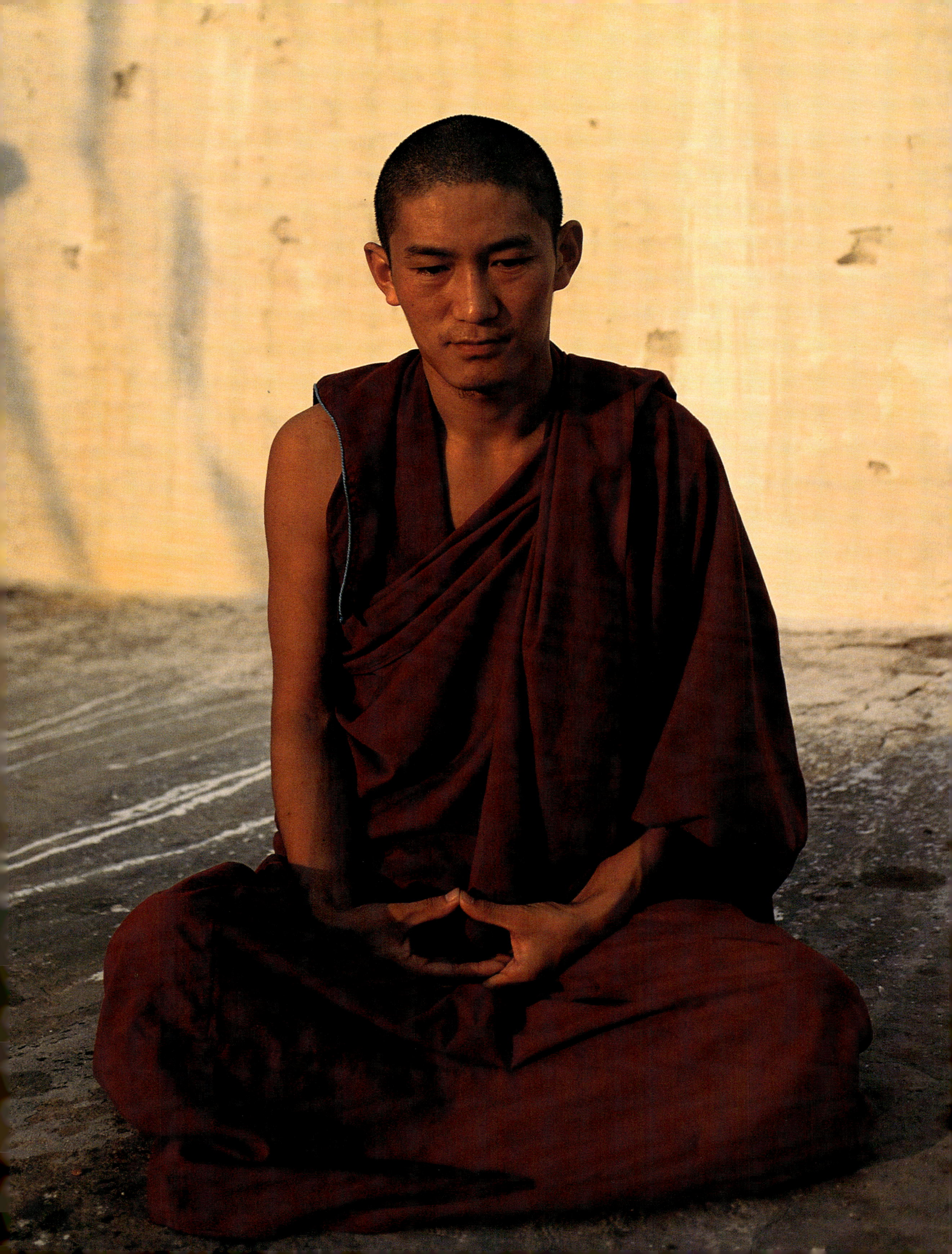

KAPITEL 27

DIE PILGERFAHRTEN

MARKIERUNGEN IM TERRITORIUM DES HEILIGEN

ALLE RELIGIONEN, DIE EINFACHSTEN WIE DIE GRÖSSTEN, HABEN EINES GEMEINSAM: BESTIMMTE ORTE DER VEREHRUNG. EINE einzigartige Aura kennzeichnet für die Gläubigen ein Gebiet, das sie wenigstens einmal im Leben aufsuchen. Dies ist die Gelegenheit, den Alltag zu unterbrechen, um nachzudenken und mit sich ins reine zu kommen.

In ihrer Seele ein Nomadenvolk, machen die Tibeter keine Ausnahme. Als geborene Wanderer zögern sie nicht, sich allein, mit der Familie, sogar mit der ganzen Sippe oder dem Dorf auf den Weg der heiligen Wanderschaft zu machen. Natürlich nehmen die Orte, die direkt an das Leben des Erwachten gebunden sind, einen besonderen Platz in ihrem Herzen ein. Jedoch waren diese nicht leicht erreichbar. Tatsächlich nahmen sich nur die Wanderasketen oder die anspruchsvollsten Sucher nach dem Absoluten die Zeit, eine solch gewagte Reise zu unternehmen, von der sie, wie sie wußten, möglicherweise niemals wiederkehren würden.

Bodhgaya wird seit mehr als 2000 Jahren von Adepten aller Richtungen besucht, die sich am Fuß des Bodhi-Baumes, wo der historische Buddha die Schwelle des Erwachens engültig überschritten hat, verneigen. Heute ist es ein kleiner, schläfriger Marktflecken, oft vor Hitze berstend, der das Andenken an diesen außergewöhnlichen Augenblick lebendig hält. Bodhgaya hallt von den heiteren Aktivitäten der Mönche aller Schulen wider, die sich in Klöstern einrichteten, wo Studium und Gebet genügen, ein Leben auszufüllen. Manchmal, anläßlich eines markanten Ereignisses oder einer besonderen Initiation, schwillt die heilige Stadt durch eine ungewohnte Menschenmenge an und wird für einige Stunden oder Tage zu einem spirituellen, vor Energie vibrierenden Zentrum: eine unvergeßliche Erfahrung.

In Sarnath, nicht weit von der alten, heiligen Stadt Varanasi, bekundet der ehrwürdige Stupa des Herrschers Aschoka das erste Lehren des Erwachten, und die Damhirsche im Park erinnern an seine ersten Schüler. Eine zurückbleibende Süße erfüllt diesen Ort, wo auf den Resten alter Klöster neue entstanden, die ein Erbe bewahren, welches trotz aller Wechselfälle den Prüfungen der Zeit widersteht.

In Lumbini, im heutigen Nepal, nahe Kapilavastu, der Hauptstadt der Schakyas, von der es keine Spur mehr gibt, scheint man gerade einen Beweis gefunden zu haben, daß Prinz Siddhartha

*Der Berg Kailasa oder Kang Rinpotsche:
Weltachse und Thron des Schiva im westlichen Tibet
und Zentrum buddhistischer sowie hinduistischer Pilgerfahrten*

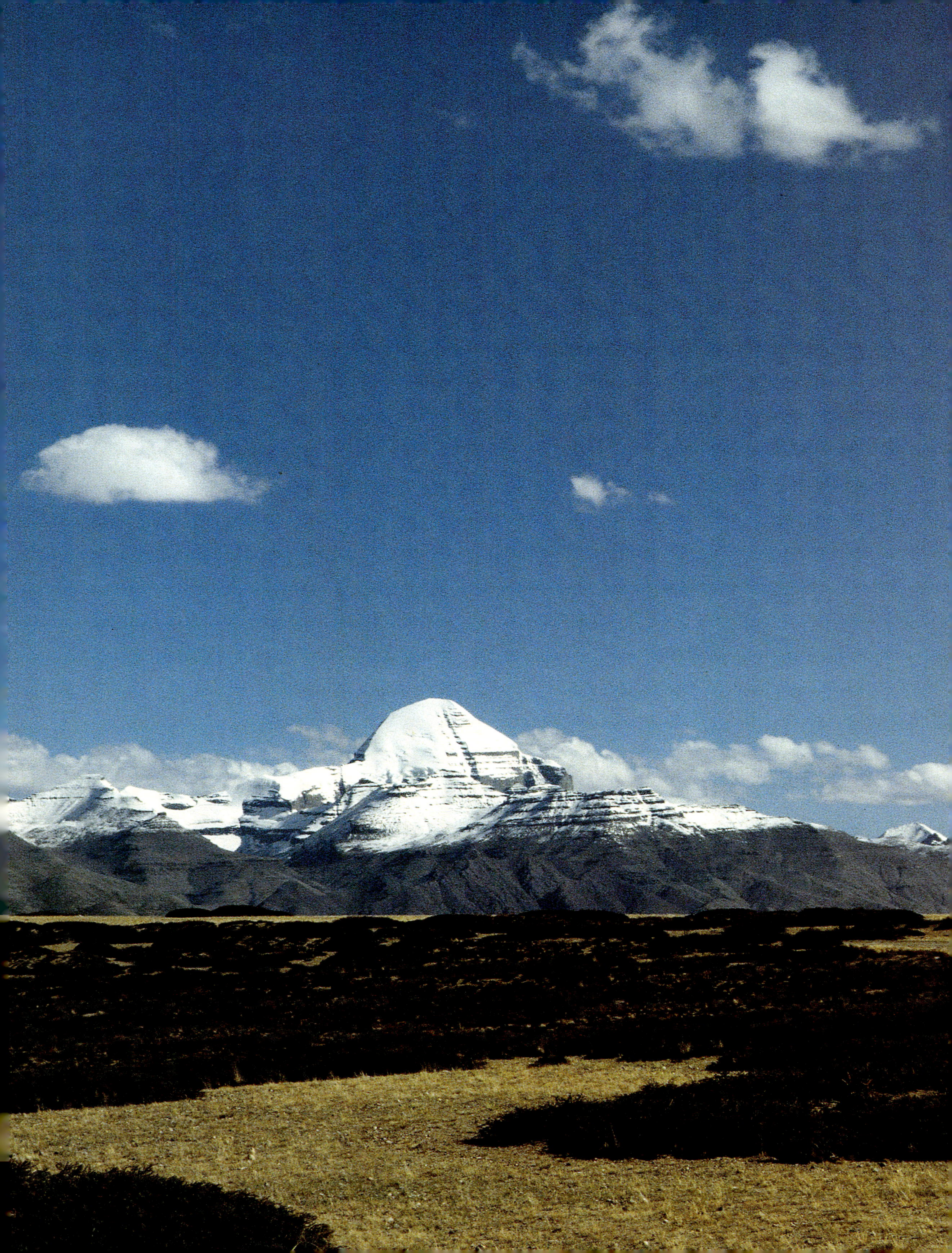

DIE PILGERFAHRTEN

hier geboren worden war: Aschoka hatte hier einen Stupa errichten lassen, der Täfelchen mit genauen Hinweisen enthält, die 1995 zutage kamen. Es nahm ein Jahr in Anspruch, deren Authentizität zu beweisen. In Kuschinagara schließlich, früher ein kleines Dorf, das sich in nichts von anderen unterschied, legte sich der Buddha auf die Seite, und bevor er ins Nirvana eintrat, gab er seinen weinenden Schülern einen letzten Wink: „Seid eure eigene Flamme."

Soviel zu den historischen Orten. Die anderen, und diese sind zahlreich, liegen über einen gewaltigen Bereich verstreut, überall dort, wo das buddhistische Licht vorbeikam und manchmal plötzlich erlosch. In Indien ist Santschi auf einen wunderbaren Stupa stolz, während Adschanta und Ellora das Heilige durch Schönheit bekunden. Der Borobudur auf Java zeugt vom Glauben der inspirierten Erbauer eines steinernen Mandalas ohnegleichen. Und die kolossalen Statuen von Gal Vihara nahe Polonawura auf Sri Lanka setzen durch ihre zeitlose Harmonie in Erstaunen. Das alte Siam, Myanmar, Afghanistan, Japan, Korea, China, die Mongolei, sie alle haben, jeder nach seiner Art, ihre Kleinodien zur buddhistischen Kunst beigetragen, indem sie aus gewählten Orten unerschöpfliche Quellen der Ausstrahlung machten. Und Tibet steht nicht zurück.

Da man in Tibet Gottheiten des früheren Glaubens in Gestalten des wahren Gesetzes verwandelte, überrascht es kaum, daß in der einsamen Unermeßlichkeit heilige Seen und Berge zu finden sind: das ist das Lösegeld für eine atemberaubende Schönheit der Natur. So entspricht Amnye Machen im Osten dem noch großartigeren, königlichen Kailasa; das ist der mythische Berg Meru, die Weltenachse in der indischen Tradition und für die Tibeter der Kang Rimpotsche. Zu ihm führt eine der großen Pilgerreisen, mit dem Paßübergang von Dolma (6670 m) zweifellos eine der schwierigsten, aber auch eine der beeindruckendsten und verdienstreichsten. Das Panorama des Himalaya entfaltet sich dort in heiterem Glanz, der den Pilger dazu bringt, sich physisch seiner natürlichen Bindung an eine Welt bewußt zu werden, die ihrem Wesen nach durch nicht entwurzelbare Spiritualität gekennzeichnet ist.

Selbst durch Menschenhand erbaute Orte können heilig werden, so die Hauptstadt von Tibet, Lhasa, was „göttlicher Ort" bedeutet. Und ‚Potala', der gewaltige rot-weiße Palast, der von seinem Hügel aus die Stadt beherrscht und bis vor kurzem die Winterresidenz der Dalai Lamas und Sitz der Regierung war, ist der Name des himmlischen Paradieses des Avalokiteschvara, Schutzpatron des Hochlandes, dessen auf Erden immer gegenwärtige Inkarnation der Dalai Lama ist: Ein ‚Babuschka-Symbol', eins ins andere verschachtelt, vervielfachte Facetten auf eine lebende, nicht endende Legende vereinfacht und Ankerpunkt einer vor allem heiligen Geographie.

Mönche auf der Pilgerfahrt

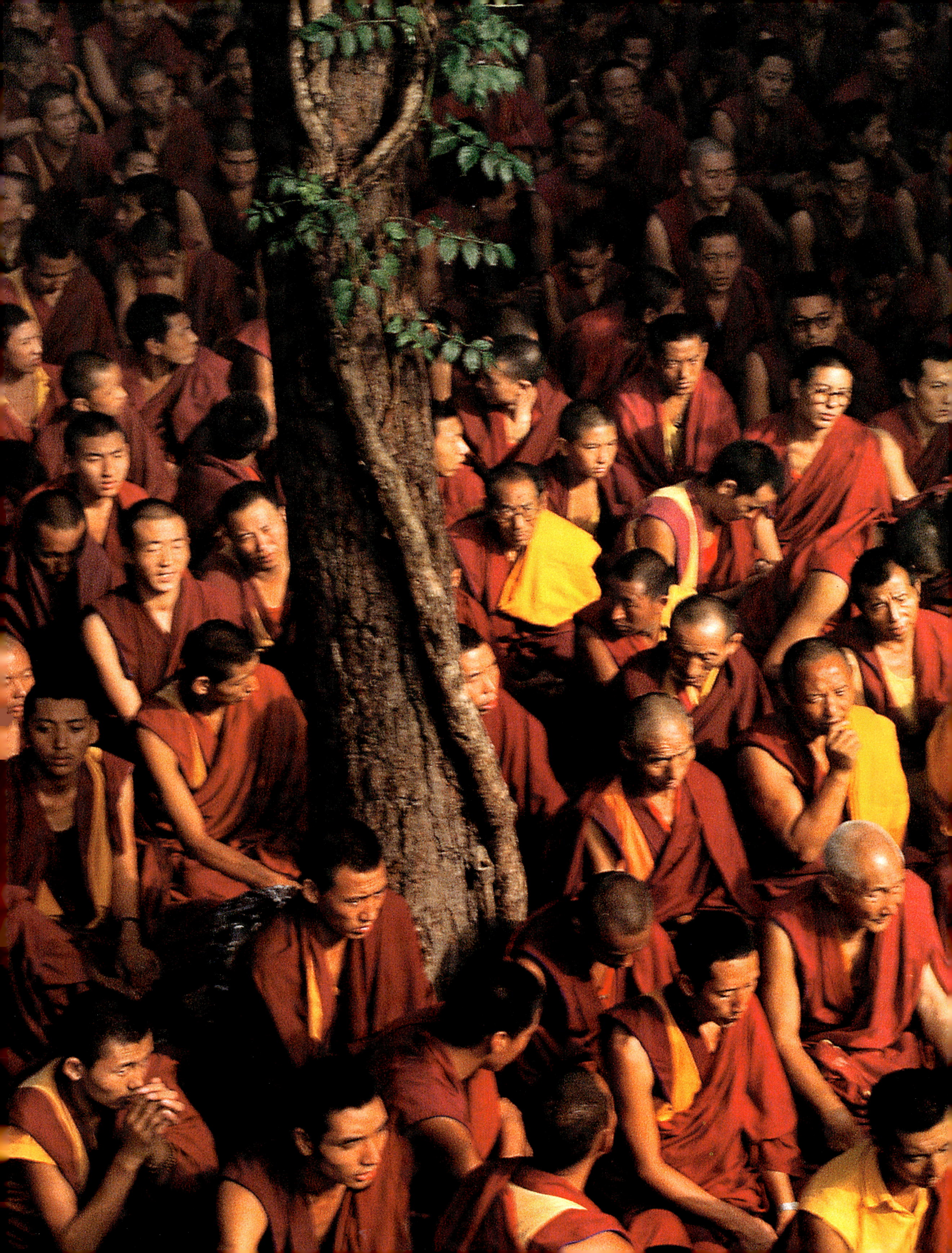

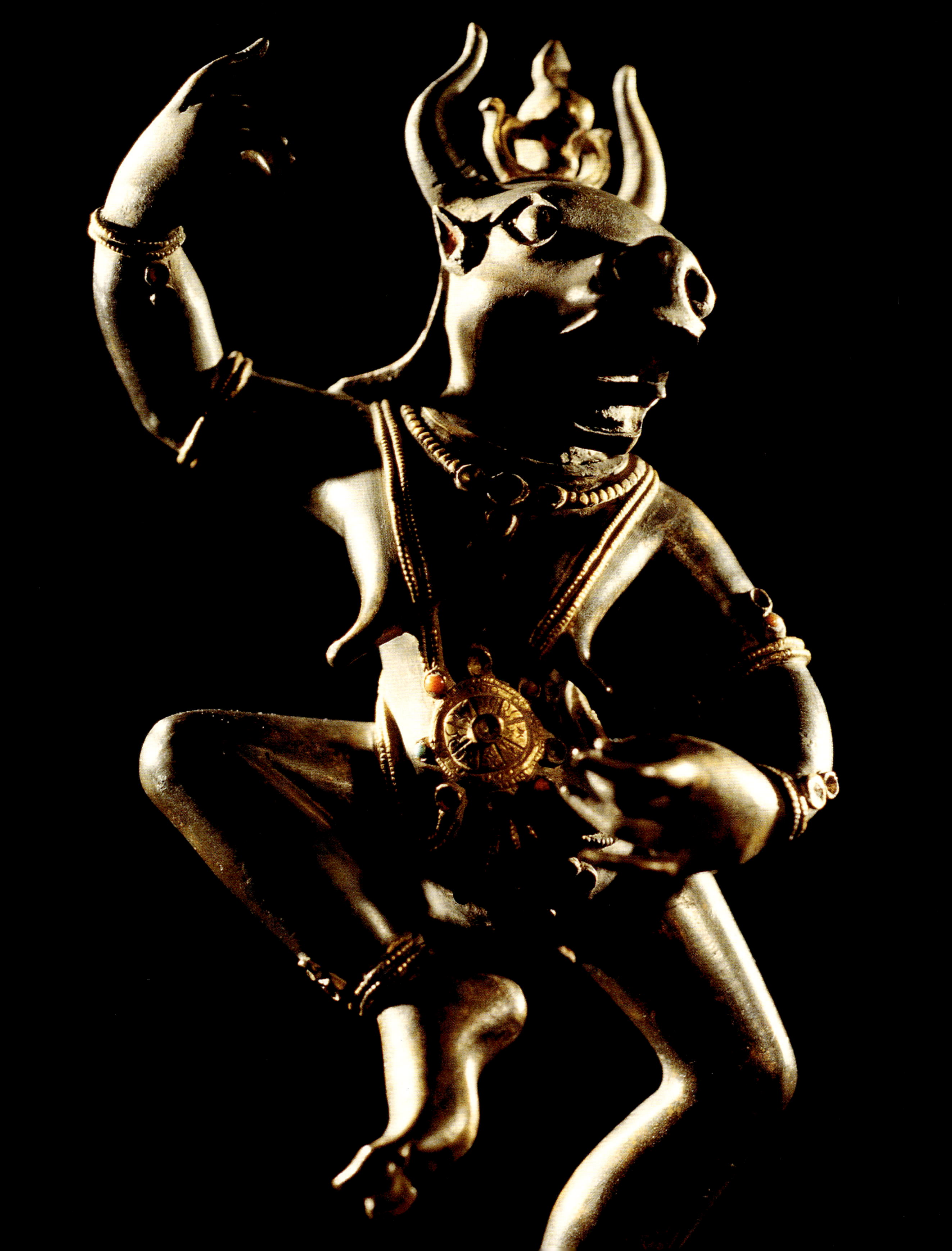

KAPITEL 28

DER DURCHGANG DES TODES

WEDER ANFANG NOCH ENDE, UNVERÄNDERLICHE SUBSTANZ, DIE WEDER STIRBT NOCH GEBOREN WIRD. DEN TOD IN DAS LEBEN ZU integrieren, ist für viele Tibeter Teil des Alltags. Das eine existiert nicht ohne das andere, und die kardinale Vorstellung der Augenblicklichkeit oder des Werdens berechtigt, hierin den Eckstein einer Art des Seins zu sehen. „Früher oder später", sagt der Dalai Lama, „kommt der Tod. Daran zu denken und sich darauf vorzubereiten, kann sich als nützlich erweisen, wenn er kommt. Wenn Sie nur an dieses Leben glauben und nicht akzeptieren, daß es sich fortsetzt, ist es kaum wichtig, sich des Todes bewußt zu sein oder nicht. Wenn es ein anderes Leben gibt, kann es nützlich sein, für den Tod bereit zu sein, denn so wird man weniger durch den Vorgang in Schrecken versetzt und verkompliziert die Situation nicht durch seine eigenen Gedanken." Für den tibetischen Weisen führt die Meditation über den Tod zum Wiedererkennen eines Territoriums mit unsicheren Orientierungspunkten.

Nach tibetischer Tradition ist der Herr des Todes ein schrecklicher Aspekt, „Der, der die Fesseln löst", er trägt den Namen Yamantaka und er ist das andere Gesicht von Mandschuschri, des

Eine der sechs Gottheiten, die den Verstorbenen in der Zwischenwelt (bardo) begleiten. (Bronze, 18. Jh.)

Bodhisattva der Weisheit, dessen Attribute Buch und Schwert sind, die die Bande des Nichtwissens zerschneiden. Er wird mit einem oder mehreren Stierköpfen dargestellt, mit oder ohne Paredra, mit einem oder mehreren Armpaaren. Diese Ambivalenz drückt die buddhistische Konzeption der ewigen Verwandlung aus, die die Existenz regiert. Das tiefe Bewußtsein, daß der Tod der natürlichen Ordnung entspricht, schließt nicht aus, daß er mit Riten umgeben wird. Der Sterbende wird begleitet, damit er friedlich die letzten Etappen seines Weges durchschreitet. Wenn das Lebensprinzip den Körper verlassen hat, folgen Gebete und Zeremonien, um ihn auf dem schweren Weg der Zwischenwelt, des *bardo*, in den sicheren Hafen zu führen. Es wird ein Lama oder ein Astrologe konsultiert, der die Anordnungen der Riten und die günstigste Zeit für deren Vollziehung bestimmt. Die jenseitige Welt ist für die Tibeter mit sonderbaren Geschöpfen bevölkert, die nur Vorstellungen des menschlichen Geistes sind, deren Symbolik seine Ängste und Schrecken reflektiert. So sind die Tschitipati oder „Herren der Leichenstätte" Gehilfen des Yama. Sie werden gewöhnlich paarweise als tanzende Skelette dargestellt und begleiten häufig zürnende Gottheiten. Für die Gläubigen illustrieren sie die Vergänglichkeit des Daseins und versinnbildlichen

DER DURCHGANG DES TODES

das Aufhören des Anhaftens oder der irdischen Leiden.

Die weiblichen Energien werden durch die Dakinis (Khandroma) personifiziert und spielen an der Seite der männlichen Götter eine aktive, wohlwollende oder schreckliche, Rolle. Sie führen den Suchenden, damit er bei Überquerung der Zwischenwelt auf dem Mittelweg bleibt. Oft als weibliche, schöne und wohlproportionierte Gestalten dargestellt, manchmal mit leicht drohendem Gesicht, zeigen nur ihre Attribute – Kapala, Schädelkette oder Schwert – ihre Natur an.

Wenn die Lebensenergie den Körper, am besten oben am Scheitel, verlassen hat, muß dieser zu einem der Elemente, aus denen er besteht, zurückkehren: Erde, Feuer, Wasser, Luft. Erdbestattungen fanden gewöhnlich für Opfer einer infektiösen Krankheit statt. Beisetzungen in einem Grab oder Tschörten blieben den Großen der Welt, etwa Königen und Weisen, vorbehalten, nach Einbalsamierung und, für die letzteren, Einkleidung mit kostbaren Gewändern. Einige große, vollendete Weise vermochten, sich im gekommenen Augenblick buchstäblich in etwas „aufzulösen", das man einen „Regenbogen-Körper" nennt.

Verbrennungen fanden aus Holzmangel nur selten statt. Die Luftbestattung ist am verbreitetsten und wird an dafür reservierten Plätzen, oft in der Nähe eines Klosters, von der Gilde der Ragyapa vollzogen. Ihre Aufgabe ist es, in Gegenwart von Lamas und einer Handvoll Anverwandter den Leichnam rituell zu zerschneiden und dessen Stücke den Raubvögeln zum Fraß vorzuwerfen. Für den Tibeter bedeutet das ein letztes Bekunden des Nichtanhaftens an den vergänglichen Körper und die Solidarität mit anderen Geschöpfen, die sich von seinen Resten nähren.

Wie es in Europa im Mittelalter „die Kunst des Sterbens" gab, hilft bei den Tibetern ein Führer auf dem engen Pfad von einem Leben zum anderen. Es handelt sich um den Bardo Thödöl oder das „Tibetische Totenbuch", dessen erste Übersetzung zu Beginn dieses Jahrhunderts großes Aufsehen erregt hat. Ein Lama liest es dem Sterbenden vor. Er erklärt ihm die Etappen seines Weges, ermahnt ihn, bei der Durchquerung unbekannter Orte nicht der Angst zu erliegen, sich seiner Bindungen zu entledigen, nicht – die Lebenden in Schrecken versetzend – zurückzukommen und falls er dem Großen Licht begegnet, es zu ergreifen. In der Meditation bemüht sich der Praktizierende, eben diesen heikelsten aller Übergänge gelingen zu lassen und eine Karte von diesem mit Fallstricken übersäten Territorium anzufertigen, um bewußt den Tod zu erleben – wesentliches Unterpfand für eine gute Wiedergeburt. Es sei denn, die tiefe und wirkliche Bedeutung des Großen Lichtes wird erkannt, in welchem Fall der Kreislauf der Geburten endgültig durchbrochen wird: das so von den Ketten des Nichtwissens befreite Wesen gelangt zum Erwachen.

Die „Tschitipati", die Helfer des Herrn des Todes

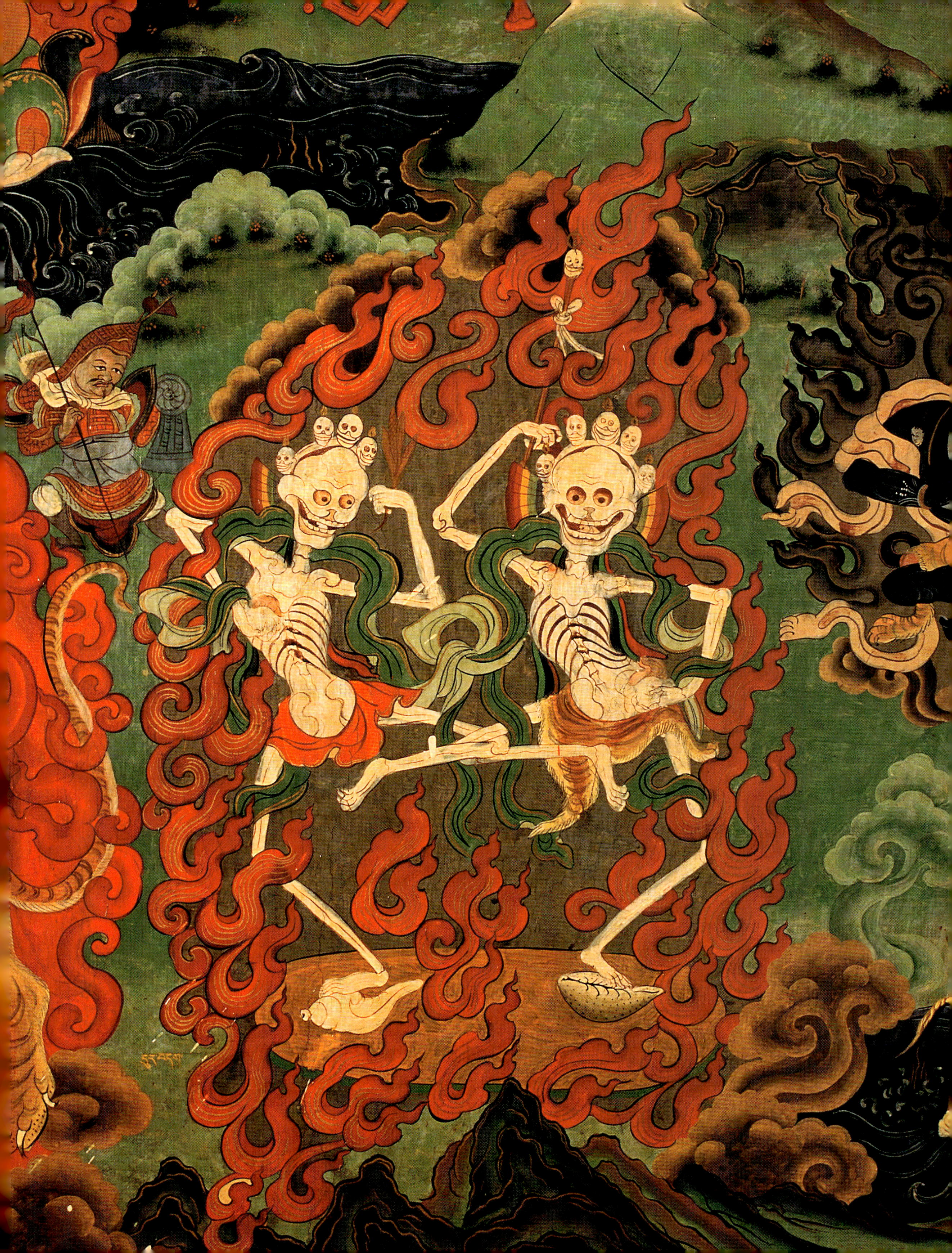

དུར་བདག།

KAPITEL 29

DER DALAI LAMA

INKARNATION DER GOTTHEIT AUF ERDEN
ODER DIE VOLLENDUNG DES WESENS

„OZEAN DER WEISHEIT", „UNVERGLEICHLICHER MEISTER", YESCHE NORBU ODER „JUWEL, DER ALLE WÜNSCHE ERFÜLLT", „KOSTBARER Siegreicher" oder Gyälwa Rimpotsche, „Herr des weißen Lotos", oder einfach Kündün, „Präsenz": dies sind einige der Titel von vielen, die Mächtigkeit, Erkenntnis, Güte und Mitleid zum Inhalt haben und deren sich die Tibeter bedienen, um den Erlauchtesten unter ihnen zu bezeichnen, und auch den Verehrtesten, den Dalai Lama.

Als Ausnahmewesen, lange Zeit von Legenden und Geheimnissen umgeben, ist er der in der Nachfolge 14. anerkannte, aber exilierte Anwärter auf den Löwenthron, Tenzin Gyatso. Er hat die schwere Aufgabe, für sein Volk der spirituelle Führer in einer Epoche tiefster Finsternis und das irdische Oberhaupt an einer Zeitenwende zu sein, die so sehr markiert ist durch die schwere Prüfung einer fremden Besatzung wie durch die Notwendigkeit, das Land nach außen und für die Neuzeit zu öffnen. Und wenn er heute in der ganzen Welt ein vor allem für den tibetischen Buddhismus bekanntes Symbol ist, so ist es dieser Mönch mit dem durchdringenden Blick und dem ansteckenden Lächeln, der nach internationaler Meinung seinen lebendigen Glauben sowie Tibet selbst repräsentiert, deren beider Überleben bedroht ist. Wie dem auch sei, für die Tibeter, außerhalb wie innerhalb Tibets, bleibt er einzige spirituelle und irdische Autorität.

Die historische Institution des Dalai Lama wurzelt in der fundamentalen Vorstellung der Reinkarnation: Jedes Wesen trägt in sich den Keim des Erwachens und endet mit dessen Erlangen, auch wenn es durch die Zeiten wandern muß – daher die zwingende Notwendigkeit des Wesenskreislaufs. Jedoch sind manche tüchtiger als die anderen und kommen kraft beharrlicher Arbeit an sich selbst schneller ans Ziel. Im Laufe der aufeinanderfolgenden Leben behaupten sie sich und werden so fähig zu wählen, unter welcher Form sie zurückkehren, um das Werden zu vollenden. Dies ist das Erbteil weniger, die die Tibeter die *tulkus* nennen (wörtlich „Körper der Verwandlung"); sie sind reinkarnierte Meister, die in einem erneuerten Körper wiederkehren, um die Aufgabe, die sie sich auferlegt haben, zu Ende zu führen.

Diese Tradition wurde in Tibet im 13. Jahrhundert mit der Auffindung des zweiten Karmapa gefestigt, dem Oberhaupt der Kagyüpa-Schule, und wurde in der Folge für andere große Meister bestätigt. So bewahrte man die Übertragung des Wis-

Tenzin Gyatso, der 14. Dalai Lama in der Nachfolge der Weisheit, derzeitiger Inhaber des Löwenthrones, spirituelles und weltliches (im Exil) Oberhaupt Tibets und der Tibeter.

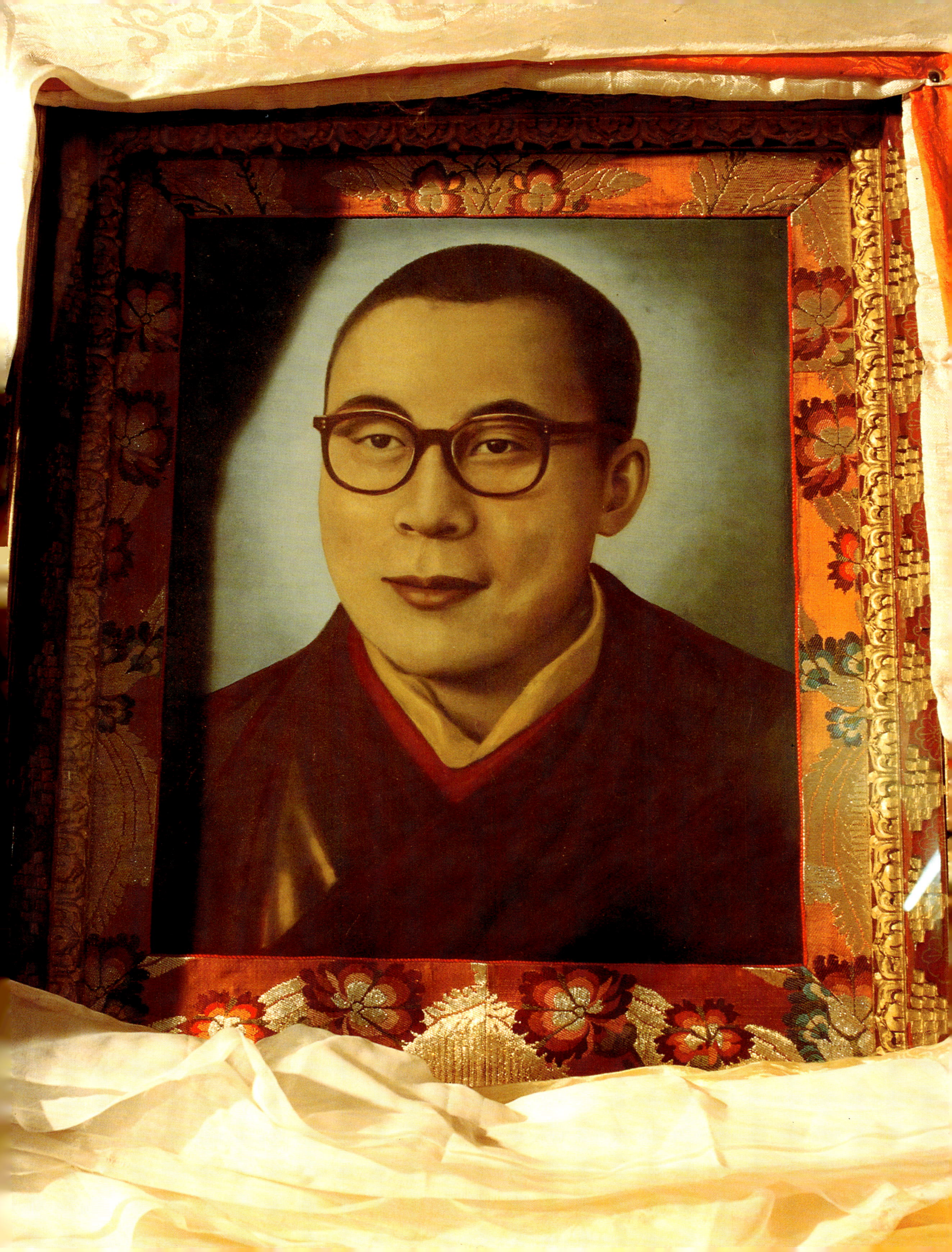

sens von Generation zu Generation, aber auch die politische Kontinuität, die oft auf harte Proben gestellt wurde. Die eigentliche Linie des Dalai Lama stammt erst aus dem 16. Jahrhundert, ermöglicht durch das Erstarken des vom Reformator Tsongkhapa gegründeten Gelugpa-Ordens. Aber der Titel selbst, „Meister der Weisheit größer als der Ozean" (oder „Ozean der Weisheit"), kommt aus dem Mongolischen: *tale-lama* nannte der mongolische Prinz Atlan Khan seinen spirituellen Meister Sönam Gyatso, der damals an der Spitze der Schule der Gelbkappen stand; dieser Titel wurde im nachhinein seinen beiden Vorgängern verliehen, deren erster, Gedun Drup (1391–1475), einer der engsten Schüler von Tsongkhapa war.

Unter dem Großen Fünften Lobsang Gyatso (1617–1682) wurden spirituelle und weltliche Macht untrennbar verbunden, um sich besser auf der nationalen tibetischen Bühne zu behaupten – bis zur chinesischen Invasion von 1949/1950. Die Tradition der *tulkus* ging im Exil nicht verloren, trotz der derzeitigen Situation, wie dies die Zwistigkeit zeigte, die 1955 zwischen dem Dalai Lama und der Regierung in Peking ausgebrochen war. Der Grund dafür war die Reinkarnation des Pantschen Lama, des zweiten religiösen Oberhauptes des tibetischen Buddhismus, dessen Schicksal eng an das des Dalai Lama und daher an die Zukunft Tibets gebunden ist.

Ohne Zweifel ist der Dalai Lama in den Augen der Tibeter ein Wesen ganz besonderer Art. Die Tradition, seine Erziehung, sein Charisma, seine Macht, seine Gelehrtheit und die Verehrung, die ihn umgibt, haben aus ihm ein Ausnahmewesen gemacht, aber hier gibt es noch etwas anderes: diese subtile Alchimie eines ununterbrochenen Austausches zwischen ihm und den Seinen. Für sie ist er nicht nur die beschützende Inkarnation des Bodhisattva des unendlichen Mitleids, er ist ebenso die Personifikation eines verlorenen Landes und das Unterpfand für dessen Fortdauer, das Versprechen einer Rückkehr.

Das Leben des Tenzin Gyatso, der im Alter von zweieinhalb Jahren in einem einfachen Bauernhaus eines Dorfes in Amdo (Osttibet, heute in der chinesischen Provinz Qinghai) als 14. Dalai Lama erkannt wurde, hat nichts Banales an sich. Als „einfacher buddhistischer Mönch", wie er sich selbst definiert, ist er um nichts weniger ein Angelpunkt der Zeitgeschichte, dessen Rolle auf internationaler Ebene durch die Verleihung des Nobelpreises 1989 anerkannt worden ist.

Geboren am 5. Tag des 5. Monats im Jahr des Holzschweines (6. Juli 1935) im Dorf Takster, wurde der 14. Dalai Lama dort von hohen, mit der Suche beauftragten Würdenträgern erkannt, 1939 im Oktober nach Lhasa geführt und am 22. Februar 1939 auf dem Löwenthron inthronisiert. Für das ausgelassene Kind mit regem Geist beginnt eine strenge und einsame Ausbildung unter dem wachsamen Blick seiner beiden hochgelehrten Erzieher. Aber jenseits des gewaltigen Himalaya überstürzen sich die Ereignisse. Der Zweite Weltkrieg ist ausgebrochen, Reiche sterben, Länder werden geboren, und China ist zwischen Nationalisten und Kommunisten zerrissen. Mao und seine Truppen gewinnen die Oberhand, und die neue Macht, die sich 1949 in Peking einrichtet, verkündet bald seine Absicht, „Tibet zu befreien", worauf Invasion und militärische Okkupation folgen, eine Beschlagnahmung, die bis heute andauert – 1959 durch eine antichinesische Volksrevolution markiert, die in Blut ertrank. Dies ist auch das Datum des Exils des Dalai Lama und hunderttausend Tibeter, die hauptsächlich in Indien unterkamen, aber auch über alle anderen Kontinente verstreut sind.

Was Tenzin Gyatso angeht, so öffnen ihm diese Jahre der Prüfungen die ganze Welt, ohne daß er einen einzigen Moment vergißt, was er als seine hauptsächliche Mission in diesen schweren Zeiten für sein Volk und sein Land betrachtet: Tibet und seine großartige Kultur zu retten, über die Bewahrung seiner spirituellen Reichtümer und seines einzigartigen Erbgutes zu wachen. In gewisser Weise an die uralte Tradition des Wandermönchs wieder anknüpfend, ist der Dalai Lama ohne Zweifel kein Pilger wie die anderen. Gewiß, er ist sich bewußt, daß noch viele Steine aus dem Weg zu räumen sind. Aber die Aufmerksamkeit, die er bei seinen Gesprächspartnern erweckt, wie er es zustande bringt, daß man ihm zuhört, und die Antworten, die er auf Probleme unserer Welt vorzuschlagen hat, ermutigen ihn, in seiner Hoffnung auf Heimkehr und in seiner entschlossenen Gewaltlosigkeit zu verharren.

Über seine eigene Zukunft befragt, wiederholt der Dalai Lama gerne, daß er wie der Buddha nur ein Mensch sei, und daß sich sein Mitleid und sein tiefes Verständnis auf seinesgleichen richtet, auf die anderen Menschen und ihre Leiden. „Wir sind auf Besuch", sagt er, „Touristen, die ihre Erfahrungen machen, wir schauen nur vorbei. Ohne Toleranz und ohne Dialog machen wir uns selbst das Leben zu einem nicht lebenswerten, und überdies denaturieren wir unsere Umgebung. Es bedarf nur einer kleinen Anstrengung, um unsere Welt für alle lebenswerter und schließlich frei von Gewalt zu machen, die sie zerfrißt und alles zerstört."

Und weiter: „Tibet läßt sich sehr wohl ohne Dalai Lama vorstellen: es hat lange Zeit ohne diese Einrichtung gut gelebt, theoretisch ist dies durchaus möglich. Menschliche Einrichtungen vergehen, ob sie bestehen bleiben oder nicht, ist Sache der Umstände. Absolut gesehen, sind Tibet, seine Nation, seine Kultur und selbst der Buddhismus durchaus ohne Dalai Lama denkbar. Im Augenblick ist der Dalai Lama ein Symbol, ein Symbol für Tibet. Deswegen ist er wichtig. Später, in dreißig, vierzig Jahren, ich weiß nicht: alles wandelt sich.

Überdies, Wesen mit allen geforderten Qualitäten, um Dalai Lama zu werden, gibt es immer. Was auch geschieht, es wird sich weiterhin ein Buddha oder ein Bodhisattva als Inkarnation manifestieren, und dies nicht nur in menschlicher Form …"

Folgende Doppelseite: Der Potala: einst Winterpalast der Dalai Lamas und Sitz der tibetischen Regierung in Lhasa

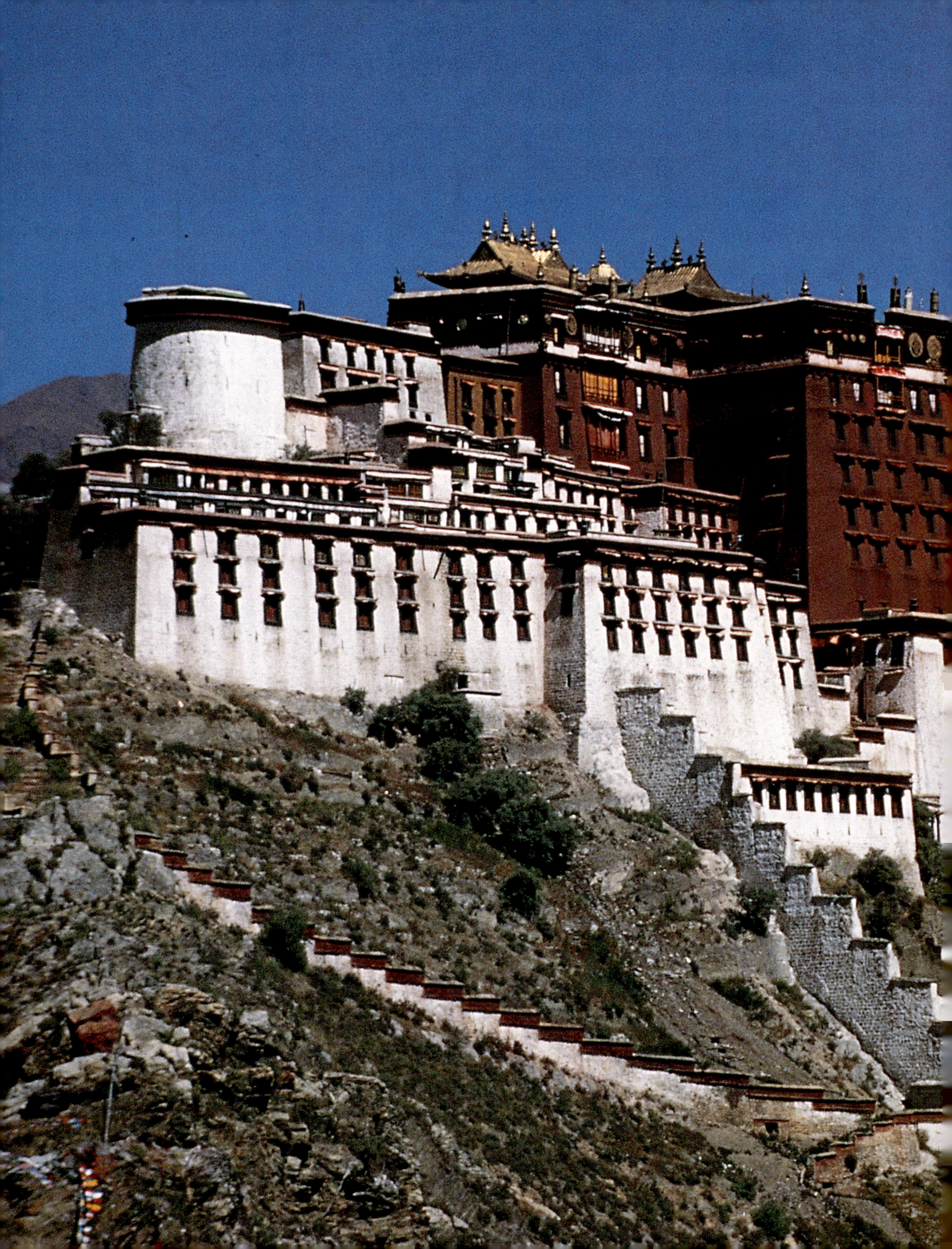

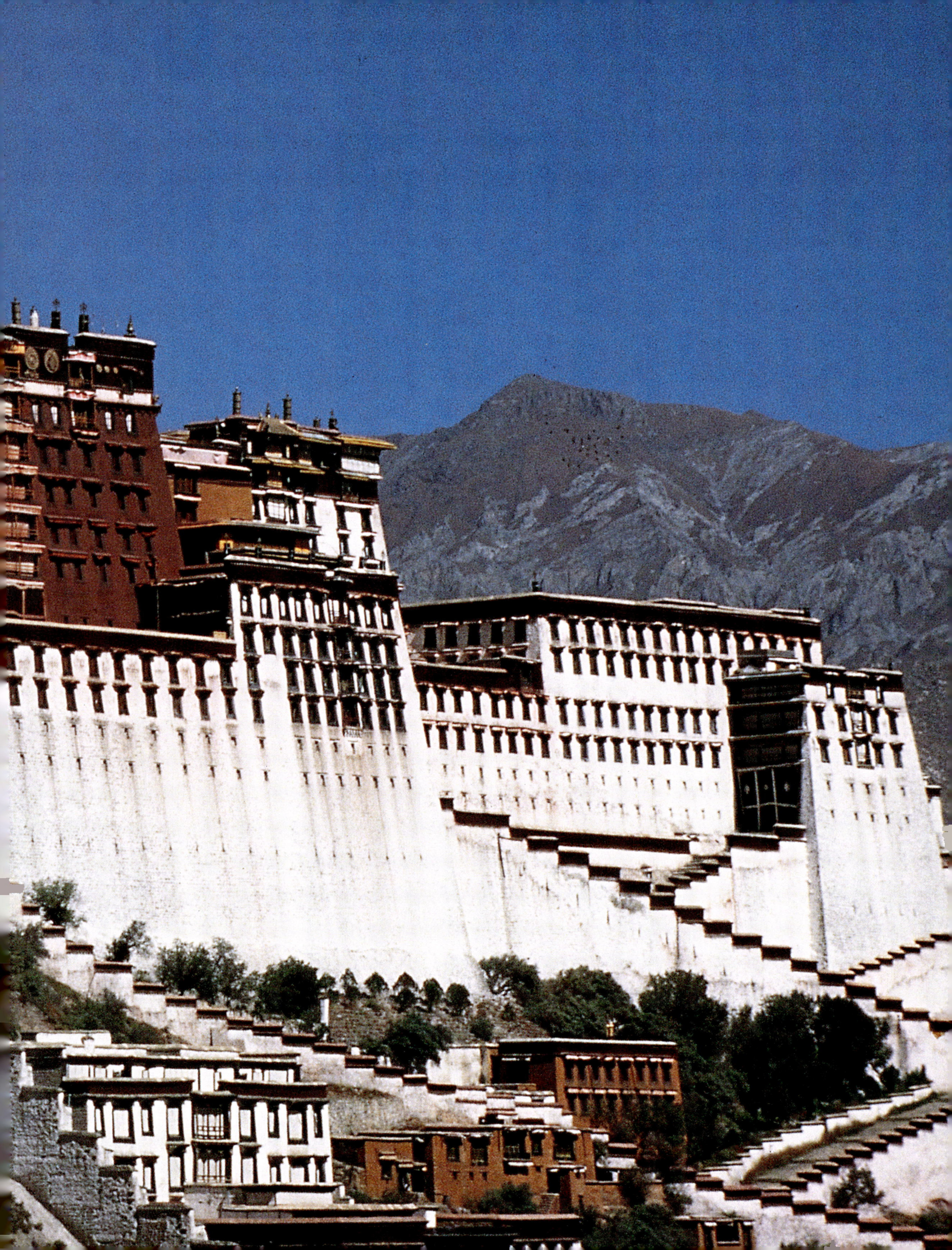

KAPITEL 30

DER LOTOS

LICHT UND SCHATTEN

DER IN DEN BUDDHISTISCHEN DARSTELLUNGEN ALLGEGENWÄRTIGE LOTOS SCHEINT UNTRENNBAR VON DEN GOTTHEITEN, DIE diese Welt bevölkern, wo Schatten und Licht auf dem Achtfachen Pfad des Erwachens ohne Ende Verstecken spielen. Schon in vedischen Zeiten in Indien ein Hauptsymbol, wird der Lotos, ob erblüht oder als Knospe, weiß, rosa, rot oder blau, mit einem bestimmten Aspekt des Lehrens oder der Weisheit verbunden.

In Analogie verweist der Lotos auf die wahre Natur des Menschen, implizit zu dieser aufrufend: Im schmutzigen Schlamm der stillen Teiche findet er gute Bedingungen zu keimen. Hat er einmal die tückische Süße des Wassers durchquert, bricht er durch die Oberfläche und entfaltet sich in der klaren Luft wie ein ewig erneuertes Wunder an Harmonie. Die Faszination, die er seit so langer Zeit auf die Menschen ausübt, hat die Künstler Asiens veranlaßt, ihn als bevorzugten Sitz der Buddhas und Bodhisattvas zu wählen, während er zugleich eines der häufigsten Attribute der schützenden oder wohlwollenden Gottheiten ist. Der Schutzpatron des Hochlandes, Tschenresi, ist unter den Menschen in seiner Emanation, dem Dalai Lama, inkarniert, der den Titel „Herr des weißen Lotos" trägt; die Farbe Weiß enthält in sich alle anderen und symbolisiert die spirituelle Vollkommenheit des Buddha.

Siddhartha, dem historischen Buddha, eignet der rosarote Lotos. Der rote Lotos stellt das Mitleid oder auch die wahre Natur des Bodhisattva dar und ist so direkt mit Avalokiteschvara-Tschenresi verbunden, während der blaue Lotos, immer als Knospe dargestellt, ein bestimmendes Emblem des Mandschuschri ist, des Bodhisattva der Erkenntnis und Abbild des Sieges des Geistes über die Sinne.

Seine zweifache Natur macht aus dem Lotos zugleich ein Sonnensymbol, insofern das Öffnen und Schließen seiner Blüte von dem Gestirn abhängt. Seine acht stilisierten Blütenblätter weisen natürlich auf den Achtfachen Pfad. Er begleitet die Tibeter beim Psalmodieren in Einsamkeit, er kann den Buddha selbst symbolisieren sowie den Doppelaspekt der Gottheit als männlich und weiblich: Blumenkrone und Stiel spielen zusammen und ergänzen einander wie auch Schatten und Licht Komplementäre sind, die die Höhen und Tiefen des täglichen Daseins modellieren.

Die Lotosblüte, die heilige Blume des Buddhismus

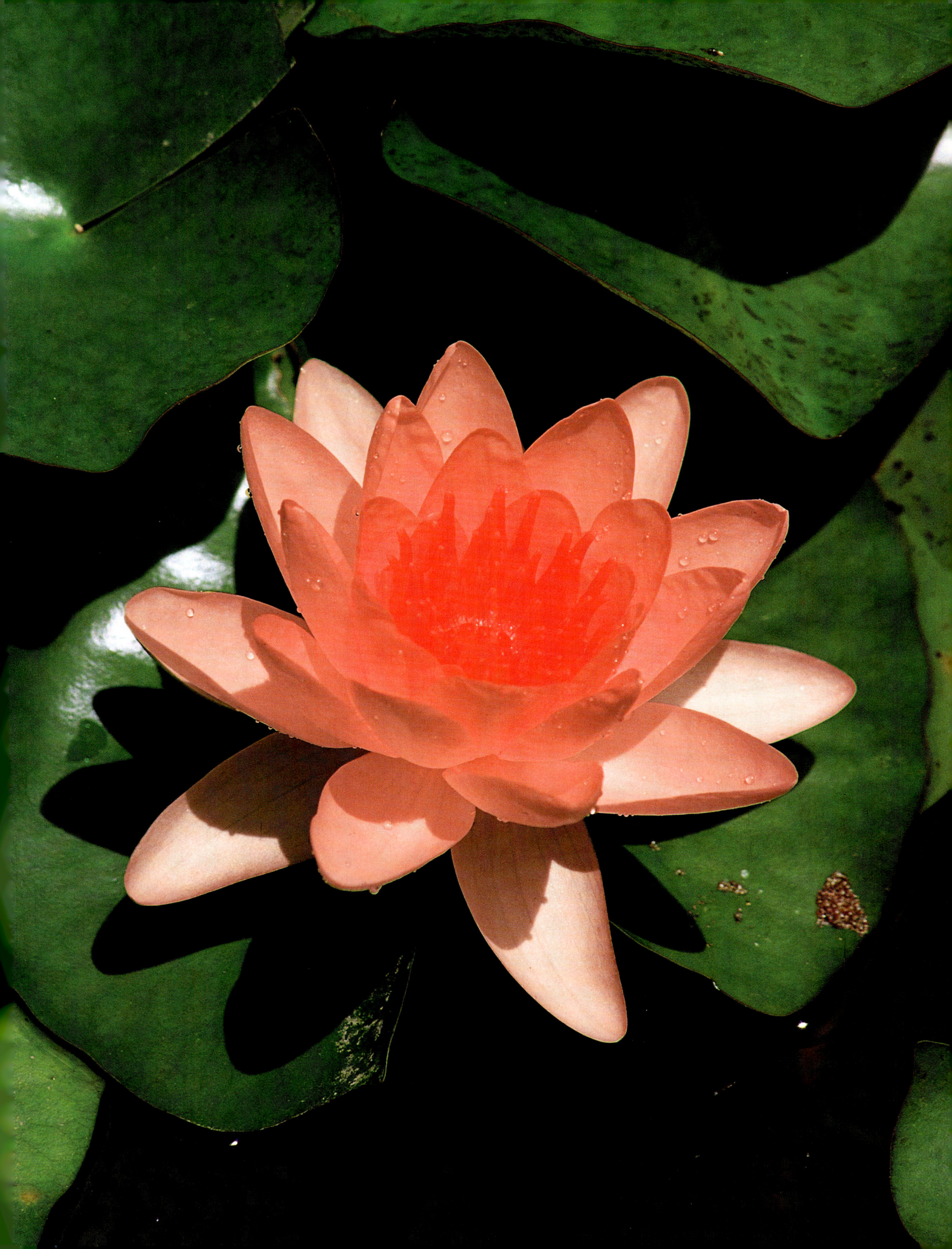

GLOSSAR

Avatara: Inkarnation
Bardo: zwischenzeitlicher Zustand, Zwischenwelt
Bhikschu/Bhikschuni: Mönch/Nonne
Bidscha: Keim, Silbe
Bodhisattva: Erwachter, der auf das Nirvana verzichtet, um allen leidenden Wesen zu helfen
Bönpo: vorbuddhistischer Glaube in Tibet, im wesentlichen schamanistisch
Dakini/Khandroma: weibliche Gottheit
Damaru: kleine rituelle Trommel
Dharani: heilige Silbe
Dharma: Gesetz des Buddha
Dordsche/Vadschra: Donnerkeil
Drilbu/Ghanta: rituelle Glocke
Garuda: mythischer Vogel
Gelugpa: buddhistische Schule, vom Reformator Tsongkhapa im 14. Jh. gegründet, ihr gehört der Dalai Lama an
Ghanta/Drilbu: s. Drilbu
Gyaling: Musikinstrument
Kagyüpa: Schule der „mündlichen Überlieferung", von Marpa gegründet; einer ihrer bekanntesten Vertreter ist der Asketen-Poet Milarepa
Kalascha: Wassergefäß (gewöhnlich gefüllt mit dem Elixier der Unsterblichkeit)
Kangling: Musikinstrument
Kapala: Ritualschale (aus Menschenschädel)
Khata: zeremonielle (Glücks-)Schärpe
Korten: Gebetsmühle
Lungta: Windpferd, Glücksbringer
Mahasiddha: „großer Vollendeter", 84 Heilige und Weise des Vadschrayana
Mala: Gebetskette
Mandala: mystisches Diagramm, Organogramm des Universums oder göttlicher Aufenthaltsort
Mani: Abkürzung für die heilige Formel Om Mani Padme Hum
Mantra: mystische Anrufung, heilige Formel
Nirvana: Zustand der Wonne, Paradies; Befreiung oder höchste Auslöschung
Norbu: kostbarer Juwel
Nyingmapa: Schule der „Alten", von Padmasambhava im 8. Jh. gegründet
Padma/Peme: Lotos
Parinirvana: das große Verlöschen des historischen Buddha
Phurbu: heiliger oder magischer Dolch
Radong: Trompete
Sadhana: Ritual der Beschreibung und Verehrung einer Gottheit
Sakyapa: „graue Erde", wichtige buddhistische Schule aus dem 11. Jh.
Sangha: klösterliche Gemeinschaft
Samsara: Welt der Wiedergeburten und der Illusion
Siddha: Vollendeter, s. Mahasiddha
Stupa: s. Tschörten
Tantra: mystisches Ritual, Basis des esoterischen Tantrismus
Thangka: Malerei auf Seide oder Baumwolle
Theravada: Schule des sogenannten Kleinen Fahrzeugs
Thsok: Opfergabe
Torma: Opfergabe aus Mehl und Butter
Tsampa: Gerstenmehl, tibetisches Grundnahrungsmittel
Tschakra: Rad, Diskos, Kreis, Symbol der buddhistischen Lehre
Tscham: heiliger ritueller Tanz
Tschintamani: Juwel, der alle Wünsche erfüllt; Symbol für den befreiten Geist
Tschörten/Stupa: Reliquienschrein, kann als Grab dienen
Tulku: Reinkarnierter Lama
Vadschra/Dordsche: s. Dordsche
Vadschrayana/Tantrayana: Schule des diamantenen Weges, besonders in Tibet
Yidam: persönliche Gottheit, persönliche Schutzgottheit des Gläubigen oder Hauptgottheit eines Mandala

DANKE

*An alle, die durch ihr Wissen und ihr Können dazu beigetragen haben,
diese Arbeit in einer Atmosphäre herzlicher Zusammenarbeit zu realisieren.*

An Marc-Alain Ouaknin, für die Anregung.

*An Alessandri, Maler des Phantastischen Realismus, der uns in großzügiger
Weise seine Sammlung in Giaveno zugänglich gemacht hat.*

An Claudio Tecchio von Carmagnola und Bruno Portigliatti von Giaveno.

*An Mema d'Evionnaz, 0à Sushil Lama, Pasang
und die Belegschaft des Happy Valley Guesthouse in Katmandu.*

*An Tenzin Geyche Tethong und den ehrwürdigen Lhakdor,
an Pema-la von Dharamsala.*

An meinen ersten und treuesten Leser.

An Seine Heiligkeit den Dalai Lama, der mir den Weg geöffnet hat.

*Der Herausgeber möchte sich bei Jean-Claude Buhrer-Solal für die Photographien,
die er für dieses Buch zur Verfügung gestellt hat, bedanken.*

Bei Sumand Shyamananad, dem Berater an der Königlichen Botschaft von Nepal.

Und bei allen Mönchen von Bodnath für die Qualität ihres Willkommens.

*Sowie bei Philippe Sebirot und Daniel Delisle für deren
Anteil am Werden der Photographien.*

*Und bei Frédéric Lenoir, Jacqueline Hartley und Adeline
für ihre Hilfe bei der Verwirklichung dieses Buches.*

Der Stupa von Ganden

Für viele Jahrhunderte war Ganden das Glanzstück tibetischer Zivilisation. Während der Kulturrevolution systematisch zerstört, ist dieses Kloster das Symbol für den Völkermord, aber auch für den Überlebenswillen der tibetischen Bevölkerung.